5,–/0

023 78202

22.2.80

RR 20.5

Reinhard Kühnl
Die von F. J. Strauß repräsentierten politischen Kräfte und ihr Verhältnis zum Faschismus
Ein Gutachten

Pahl-Rugenstein

CIP-Kurztitelaufnahme der Deutschen Bibliothek

Kühnl, Reinhard:
Die von F. J. Strauss repräsentierten politischen Kräfte und ihr Verhältnis zum
Faschismus: e. Gutachten / Reinhard Kühnl. — Köln: Pahl-Rugenstein, 1980.
  (Kleine Bibliothek; 167: prv-aktuell)
  ISBN 3-7609-0506-4

© 1980 by Pahl-Rugenstein Verlag, Köln
Das Gutachten ist zuerst in den *Blättern für deutsche und internationale Politik*,
Heft 5, 1972, erschienen, im gleichen Jahr auch als selbständige Broschüre in der
Reihe *Hefte zu politischen Gegenwartsfragen* (Heft 2, 1972).
Satz: Neo-Satz W. Geilenberg KG, Hürth-Efferen
Druck: Fuldaer Verlagsanstalt GmbH

Inhalt

Vorbemerkung

Dieses Gutachten wurde angefertigt auf Antrag der Verteidigung in einem Prozeß, der im November 1971 vor dem Landgericht Dortmund stattfand. Angeklagt war Hans Walter v. Oppenkowsky (SDAJ) wegen Beleidigung von Strauß und Guttenberg und wegen Verwendung nationalsozialistischer Symbole. Auf einem Plakat, für das er verantwortlich zeichnete, waren Strauß in der Pose des Führergrußes, ein Hakenkreuz, ein Reichsadler und Adolf Hitler zu sehen. Es kam in diesem Gutachten nicht darauf an, eine konsequente kritische Faschismustheorie zu entwickeln, sondern solche Merkmale des Faschismus ins Zentrum zu rücken, die bis weit in die bürgerliche Geschichts- und Sozialwissenschaft hinein anerkannt sind. Das Gutachten zeigt, daß selbst bei Anwendung solcher Kriterien das Resultat noch aussagekräftig genug ist.

Der erste Beweisantrag der Verteidigung, ein Gutachten über das Verhältnis zwischen den von Strauß repräsentierten Kräften und dem Faschismus anzuhören, wurde vom Gericht abgelehnt. Zugelassen wurde lediglich ein Gutachten über das Problem, ob zwischen Strauß und Hitler eine partielle politische Identität bestehe. Der Antrag des Staatsanwalts, auch dieses Gutachten abzulehnen, weil schon die Fragestellung „ungeheuerlich" und eine „unsinnige Behauptung" sei, „die bei vernünftigem Denken keinerlei Beweisen zugänglich ist", der Gutachter überdies angesichts seiner bekannten politischen Haltung befangen sei, wurde vom Gericht abgelehnt. Daraufhin mußte die Einleitung neu formuliert und das Gutachten im Vokabular stärker auf die Personen von Strauß und Hitler abgestellt werden. Der im folgenden abgedruckte Text entspricht der ursprünglichen Fassung.

Der Angeklagte wurde schließlich zu einer Geldstrafe von DM 500,– verurteilt. In der mündlichen Urteilsbegründung hieß es, er habe in seinem Plakat den Anschein erweckt, zwischen Strauß und Hitler bestehe eine vollständige Identität; das aber sei unwahr. Das Gericht scheint also die These des Gutachtens, daß eine partielle politische Identität nachweisbar sei, akzeptiert zu haben. Das ist für künftige Auseinandersetzungen mit dem Rechtskartell und seinem Führer nicht ganz unwichtig.

Zur 2. Auflage

1972 war F. J. Strauß der Repräsentant des rechten Flügels in der CDU/CSU, der innerhalb der Gesamtpartei eine Minderheit darstellte. Im Sommer 1979 wurde er jedoch zum Kanzlerkandidaten der gesamten CDU/CSU nominiert. Darin kommt zum Ausdruck, daß diejenige Fraktion der herrschenden Klasse, die auf die politische Konzeption und Strategie von Strauß setzt, wesentlich erstarkt ist. Diese Veränderungen zeigen sich nicht nur in der Machtverschiebung innerhalb der CDU/CSU, sondern auch in den Stellungnahmen von BDI und BDA und in deren ideologischen Organen, etwa der FAZ und dem Handelsblatt.

Das Einschwenken beträchtlicher Teile der Wirtschaft und der politisch-ideologischen Kräfte der Rechten auf die Linie von F. J. Strauß steht im Zusammenhang mit der ökonomischen Krise und Stagnation, die 1974 begannen und deren Ende nicht abzusehen ist. Das Programm von Strauß stellt den Versuch dar, die Krise zu lösen durch eine qualitative Veränderung des politischen Systems nach rechts in Richtung auf einen autoritären Staat. Daß dieses Programm eine so breite Unterstützung erfährt, liegt darin begründet, daß es mehrere Funktionen gleichzeitig wahrzunehmen vermag: Erstens könnte durch verstärkte staatliche Repression verhindert werden, daß linke, demokratische und sozialistische Krisenlösungen artikuliert werden und ins Massenbewußtsein eindringen. Zweitens können Angst und Orientierungslosigkeit, die im Gefolge der Krise bei Teilen der Bevölkerung entstehen, genutzt werden zur Propagierung des starken Staates und des energischen Führers, die allein in der Lage seien, aus der Krise herauszuführen und mit Unruhestiftern (seien es nun Gewerkschafter oder Intellektuelle) ,,aufzuräumen". Drittens könnte ein solcher ,,starker Staat" die Lasten der Krise der arbeitenden Bevölkerung und der lernden und studierenden Jugend auferlegen (in Gestalt von stagnierenden oder sinkenden Reallöhnen und Sozialausgaben), ohne daß diese sich effektiv dagegen zur Wehr setzen könnten. Und viertens könnten so die erforderlichen Mittel freigemacht werden, um die weitgespannten Investitions- und Exportoffensiven in den anderen EG-Ländern, in den USA, in Afrika, im Nahen Osten und in

Lateinamerika abzusichern und zu verstärken und so wieder den Rang einer Weltmacht zu erobern. Die Forcierung des Nuklearprogramms, der militärischen Potenz und der Atombewaffnung, die weitere zusätzliche Belastungen für die Bevölkerung bedeuten, können als wesentlicher Bestandteil dieser Weltmachtpolitik betrachtet werden.

Das Programm von Strauß zielt also auf eine offensive Nutzung der Krisensituation und der Verunsicherung der Bevölkerung, um das politische System und die Verteilung des gesellschaftlichen Reichtums grundlegend und langfristig zugunsten der Herrschenden zu verändern. Diese Offensive der Rechten, die in der Nominierung von Strauß (wie auch in der Wahl von Carstens zum Bundespräsidenten) ihren Ausdruck auf der Ebene des Herrschaftspersonals findet, ist gegenwärtig in allen Bereichen des politischen und geistigen Lebens wirksam: Die ,,Hitler-Welle'' zielt darauf ab, durch eine Fülle von Publikationen auf jeglichem geistigem Niveau (vom Groschenheft und der Illustrierten-Serie bis zur wissenschaftlichen Hitler-Biographie) die ,,Leistungen'' Hitlers bei der Bewältigung von Krise, Arbeitslosigkeit und Hoffnungslosigkeit hervorzuheben und so Vorbehalte gegen den autoritären Staat abzubauen. Die Einschränkung demokratischer Rechte und die massive Einschüchterung besonders der jungen Generation durch Berufsverbote, Ausbau des staatlichen Gewaltapparats usw. kann Resignation und opportunistische Anpassung nach rechts erzeugen. Die Kampagne gegen die Gewerkschaften und die Mitbestimmung, gegen den angeblich drohenden ,,Gewerkschaftsstaat'' und für die Bindung der Gewerkschaften an das (natürlich von ,,der Wirtschaft'' definierte) ,,Gemeinwohl'' soll die arbeitende Bevölkerung wehrlos machen gegen die Angriffe des Kapitals auf die Löhne und Sozialleistungen, auf die Lebens- und Zukunftschancen der Massen.

Gegenüber dieser Offensive der Rechten aber haben sich demokratische Potentiale in vielfältigen Formen entwickelt: In den Gewerkschaften wächst der Widerstand. Die Bewegungen gegen Berufsverbote und Neonazismus, die Bewegung der Studenten und der demokratischen Intelligenz, die Frauenbewegung und die ökologische Bewegung haben insgesamt ein beträchtliches

Maß an Stärke und an politischer Bewußtheit erreicht. Die Kenntnis dessen, was das Programm von Strauß für unser Land und für Europa bedeutet, ist dabei eine notwendige Voraussetzung, um angemessene Strategien zu entwickeln. Insofern ist das vorliegende Gutachten aus dem Jahre 1972 – leider – von höchster Aktualität. Geändert hat sich nämlich in der Weltanschauung und der Konzeption der von Strauß repräsentierten politischen Kräfte nicht viel, jedenfalls nichts Grundlegendes. Am Text des Gutachtens wurde nichts verändert – obwohl angesichts der Erfahrungen seit 1972 mancherlei hinzuzufügen wäre.

Marburg im Dezember 1979   *Reinhard Kühnl*

Die von F. J. Strauß repräsentierten politischen Kräfte und ihr Verhältnis zum Faschismus
Ein Gutachten

I

Die Frage nach dem Faschismus ist von vornherein auf politische Tendenzen gerichtet – und nicht nur auf eine Persönlichkeit. Deshalb sind in die vorliegende Untersuchung – neben Franz Josef Strauß selbst, dem eine führende Funktion zukommt – mindestens in Umrissen auch die Kräfte einzubeziehen, die sich um die Persönlichkeit von Strauß gruppieren und von ihm repräsentiert werden: vor allem also die CSU und das von Strauß herausgegebene Organ der CSU, der ,,Bayernkurier".

Ob eine Persönlichkeit oder eine politische Partei faschistische Tendenzen aufweist, ist nicht dadurch zu ermitteln, daß man sie nach ihrer Selbsteinschätzung befragt. Was jemand von sich hält, wofür er sich ausgibt und was er tatsächlich ist, muß nicht zusammenfallen und fällt in den meisten Fällen auch nicht zusammen. Auch die Ansichten, die in der veröffentlichten Meinung zum Ausdruck kommen, können darüber keine zureichende Auskunft geben; sie können durch politische Rücksichten beeinflußt oder durch Uninformiertheit über die wissenschaftliche Faschismusdiskussion gekennzeichnet sein. Eine Antwort ist also nur durch eine Analyse des wirklichen Verhaltens und der wirklichen Vorstellungswelt der in Frage stehenden Persönlichkeit oder Partei möglich. Daß also Franz Josef Strauß und die CSU sich selber für demokratisch erklären und daß ein beträchtlicher Teil der politischen Öffentlichkeit mit diesem Urteil übereinstimmt, kann nicht als ausreichender Grund gelten, abweichende Urteile von vornherein für falsch zu erklären.

Maßstab eines abgemessenen Urteils über die Frage, ob die von Strauß repräsentierten politischen Kräfte faschistische Tendenzen aufweisen, sind die Merkmale des Faschismus, wie er sich in den 20er und 30er Jahren in Europa entwickelt und in Italien (1922) und in Deutschland (1933) die politische Macht erobert hat. Da alle diese Bewegungen und Systeme in Ideologie und politischer Praxis – trotz gewisser nationaler Besonderheiten – wesentliche Merkmale gemeinsam haben, ist es berechtigt, den gemeinsamen Oberbegriff Faschismus zu verwenden.[1]

Der deutsche Faschismus kann dabei als eine besonders extreme Form des Faschismus definiert werden. Sofern sich ähnliche Merkmale bei Persönlichkeiten, politischen Parteien oder Systemen der Gegenwart nachweisen lassen, ist es berechtigt, den Faschismusbegriff auf die Periode nach dem Zweiten Weltkrieg zu übertragen. Für die NPD z. B. haben wir den faschistischen Charakter eindeutig und detailliert nachgewiesen.[2] Die meisten sozialwissenschaftlichen Ordnungsbegriffe sind dadurch entstanden, daß eine politische Bewegung oder ein soziales Modell nach ihren wesentlichen Merkmalen befragt und daraus ein allgemeiner Begriff entwickelt worden ist. Begriffe wie Stand, Kaste, Liberalismus, Demokratie, die Linke, die Rechte und viele andere wurden auf diese Weise gewonnen. Die neuere Faschismusforschung hat auch den Faschismusbegriff so auf das Wesentliche konzentriert und von hier aus generalisiert, daß er auf politische Phänomene außerhalb Italiens und für die Zeit nach dem Zusammenbruch der faschistischen Systeme 1945 anwendbar ist.[3]

Obwohl die politische Rechte gegenüber der Linken wesentliche Merkmale gemeinsam hat, ist es doch möglich und notwendig, „gemäßigte" und „extreme" Rechte begrifflich voneinander zu trennen. Es läßt sich also angeben, ob es sich im Einzelfall um eine rechtsbürgerliche, nationalkonservative Partei oder um eine faschistische Partei, um ein rechtsbürgerliches oder um ein faschistisches Herrschaftssystem oder um eine Übergangsform zwischen beiden handelt. Bei dieser typologischen Trennung darf jedoch nicht übersehen werden, daß es im realen politischen Prozeß eine Reihe von Übereinstimmungen und Verbindungslinien zwischen den rechtsbürgerlichen und faschistischen Kräften gibt, deren wichtigste die folgenden sind:

1) Die Massenbasis der faschistischen Parteien (Mitglieder, Wähler, Anhänger) rekrutiert sich zum großen Teil aus den sozialen Gruppen, die vorher Parteien der bürgerlichen Mitte oder der „gemäßigten" Rechten unterstützt haben. Es hängt also von den konkreten sozialen und politischen Bedingungen ab (Kon-

junktur oder Krise, soziale Sicherheit oder Angst vor Deklassierung), ob diese Wählermassen die Mitte und die gemäßigte Rechte oder den Faschismus unterstützen.

2) Wesentliche Elemente der faschistischen Ideologie sind dem radikalen Konservativismus entnommen. Das gilt z. B. für Autoritarismus und Volksgemeinschaftsideologie, für die Hochschätzung militärischer Denk- und Verhaltensformen, die Kampfstellung gegenüber Rationalismus, realer Demokratie im Sinne der wirklichen Selbstbestimmung der Massen, Sozialismus, Marxismus und Arbeiterbewegung, die Leugnung der Klassengegensätze bei gleichzeitiger Betonung der Notwendigkeit sozialer Unterschiede, die Betonung von Gefühl und Gemüt, die Verklärung ländlich-bäuerlicher und handwerklicher Lebensformen, die konservative Sexual- und Familienmoral, die Frontstellung gegen die Frauenemanzipation, die Verherrlichung von Vaterlandsliebe und Nationalgefühl usw. So ist es möglich, daß der Konservativismus ideologisch und politisch den Boden für den Faschismus bereitet, wie es der Münchener Politologe Prof. Kurt Sontheimer für die Weimarer Zeit detailliert nachgewiesen hat.[4] Der Faschismus unterscheidet sich hier nur dadurch von der „gemäßigten" Rechten, daß er diese Ideologie konsequenter und aggressiver formuliert.

3) Die ideologische Verwandtschaft zwischen rechtsbürgerlichen und faschistischen Parteien kann sich zum politischen Bündnis steigern. In Italien wie in Deutschland kam der Faschismus in Gestalt einer Koalitionsregierung mit den rechtsbürgerlichen Kräften an die Macht.

4) Die ökonomischen Machtgruppen, die Vertreter der Großwirtschaft, unterstützen je nach der Gesamtsituation und nach ihrer Interessenlage entweder die bürgerlichen Parteien der Mitte und der „gemäßigten" Rechten oder den Faschismus. In Italien wie in Deutschland konnte der Faschismus nur deshalb die politische Macht erobern, weil zusammen mit den Wählermassen der bürgerlichen Parteien auch die ökonomisch Mächtigen, die über die Wirtschaft verfügten, zum Faschismus übergegangen sind.[5]

Zu prüfen ist also:

1) ob in der Vorstellungswelt und im politischen Verhalten von Franz Josef Strauß und der von ihm repräsentierten Kräfte

Merkmale und Tendenzen erkennbar sind, die sich als spezifisch faschistisch identifizieren lassen;

2) ob bei ihnen Merkmale und Tendenzen erkennbar sind, die der „gemäßigten" wie der „extremen" Rechten gemeinsam sind;

3) wie stark diese ideologischen Gemeinsamkeiten ggf. sind und ob sie sich zu einem politischen Bündnis verdichtet haben.

Als politisches Verhalten müssen dabei sowohl Handlungen als auch schriftliche und mündliche Äußerungen gelten, die als Symptom für die politischen Zielvorstellungen betrachtet werden können und überdies, wenn es sich um eine Persönlichkeit des öffentlichen Lebens handelt, ohne Zweifel politische Folgen haben. Seit der großen empirischen Studie von Adorno, Frenkel-Brunswik u. a. über die autoritäre Persönlichkeit wurde ein wissenschaftliches Instrumentarium entwickelt, mit dem gerade bei Führerpersönlichkeiten die autoritäre Mentalität, die faschistische Verhaltensformen der Bevölkerung mobilisiert, mit zunehmender Exaktheit bestimmt werden kann.[6]

Die Kontinuität in der Vorstellungswelt und der Politik der deutschen Rechten von der Bismarckzeit über die wilhelminische „Sammlungspolitik", die „Harzburger Front", die Regierung Hitler-Hugenberg bis zur Gegenwart und die Bedeutung des Hakenkreuzsymbols für die rechten Sammelbewegungen hat mein Hamburger Kollege Imanuel Geiss in seinem Gutachten ausführlich dargestellt. Die Beweisführung dieses Gutachtens halte ich für überzeugend, seine Resultate für zutreffend. In meinem Gutachten konzentriere ich mich deshalb darauf, diejenigen Punkte hervorzuheben, die für das Faschismusproblem von zentraler Bedeutung sind.

II

Eine wesentliche Rolle im Kampf der Rechten gegen die Weimarer Demokratie spielte die Agitation, die von der Parole der „Verzichtpolitik" ausging. Damit wurden die Bemühungen, mit den ehemaligen Kriegsgegnern auf der Basis des Versailler Vertrages zu einer Verständigung zu gelangen, als Verrat der nationalen Interessen diffamiert. So wurden nationalistische und chauvinistische Stimmungen entfacht, die zu Mordaktionen gegen die Repräsentanten der Verständigungspolitik führten, und so wurde die Hoffnung geweckt, die Resultate der militärischen Niederlage von 1918 könnten nachträglich noch aus der Welt geschafft, die durch diese Niederlage verlorenen Gebiete könnten wiedergewonnen werden.

Bei dieser Agitation standen „gemäßigte" und „extreme" Rechte, Deutschnationale und Nationalsozialisten in einer Front, wenn sie sich auch in der Tonart graduell unterschieden. 1931 entwickelte sich aus dieser gemeinsamen Frontstellung ein politisches Bündnis in Gestalt der „Harzburger Front" und 1933 schließlich eine Koalitionsregierung. Das faschistische System war etabliert – mit der aktiven Hilfe der „gemäßigten" Rechten. In der Tat wurden dann die nach 1918 entstandenen Grenzen zugunsten Deutschlands verändert – aber mit den Mitteln der Gewalt und dem Resultat der Zerstörung halb Europas, Millionen Toter und Verstümmelter und einer totalen Niederlage des Deutschen Reiches. Es ist offensichtlich, daß die Konstellation der Weimarer Republik in dieser Frage sich gegenwärtig in ähnlicher Form wieder herausbildet. Die Regierung Brandt/Scheel bemüht sich um die von den bisherigen Regierungen vermiedene Verständigung mit den ehemaligen Kriegsgegnern im Osten auf der Basis der nach dem Zweiten Weltkrieg entstandenen Grenzen – und die gesamte Rechte diffamiert diese Politik als Verrat der nationalen Interessen. Wieder werden auf diese Weise nationalistische und chauvinistische Stimmungen entfacht, die bereits zu tätlichen Angriffen und Morddrohungen gegen die Repräsentanten dieser Verständigungspolitik geführt haben. Und wieder wird die Hoffnung geweckt, die Folgen der militärischen Niederlage seien doch noch aus der Welt zu schaffen und die Grenzen doch noch zu verändern, die verlorenen Gebiete doch noch wiederzugewinnen. Schon Adolf Hitler begründete seine auf Veränderung des Status quo zielenden Forderungen mit den „Lebensrechten des deutschen Volkes"[7], und der CSU-Abgeordnete und Vizepräsident des Bundestages Richard Jaeger wiederholt diese Agitationsfigur: „Wer die völkerrechtlich unangreifbare Position der Reichsgrenzen von 1937" aufgebe, „verschleudert die Lebensrechte unseres Volkes".[8]

Wie damals erscheint der aggressive Inhalt in defensiven Worthülsen, die Veränderung der Grenzen als bloße „Selbsterhaltung".[9]

Strauß selbst betonte schon 1964, „daß sich das deutsche Volk niemals mit einer Lösung für die politische Struktur Mittel-Ost-Europas abfinden wird, die legitime deutsche Interessen verletzt". Das bedeutet, daß die Bundesrepublik seiner Meinung nach „mit allen politischen Mitteln um die Wiederherstellung des deutschen Reiches von 1937 ringen" muß.[10] Adenauer habe „den ehemaligen Kriegsgegnern Deutschlands sozusagen zwei Drittel des Sieges über unser Volk wieder allmählich entwunden"[11], woraus folgt: auch das letzte Drittel der Niederlage von 1945 könne und müsse aus der Welt geschafft werden. Daß Strauß die Niederwerfung des Faschismus als „Sieg über unser Volk" definiert, gibt bereits einige Auskunft über sein Geschichtsbild und sein Verhältnis zum Faschismus. Für die Häftlinge in den Zuchthäusern und Konzentrationslagern, für die im Untergrund kämpfenden Antifaschisten, die vor dem Faschismus geflohenen oder von ihm vertriebenen Emigranten und für alle anderen Demokraten war es ein Sieg der Freiheit.

Von dieser Position aus führt Strauß heute den Kampf gegen die Entspannungspolitik der Bundesregierung. Selbst der Wortlaut der Parolen hat sich gegenüber der Agitation der Rechten in der Weimarer Republik kaum verändert: die Verständigungspolitik wird als nationaler Verrat und nationaler Ausverkauf, die Regierung als Handlanger des Feindes denunziert.

Auch jetzt stehen „gemäßigte" und „extreme" Rechte bei diesem Kampf wieder in einer Front: Heißt es in dem NPD-Organ „Deutsche Nachrichten": „Brandt verriet die westliche Welt"[12], so formuliert das von Strauß herausgegebene CSU-Organ „Bayernkurier", Brandt wolle die Bundesbürger „der Aggression des Kommunismus preisgeben".[13] Textet die „National-Zeitung": „Brandt zum Befehlsempfang bei Breschnew"[14] und das NPD-Organ: „Bonn als Vorreiter sowjetischer Weltmachtziele"[15], so heißt es im „Bayernkurier": „Brandt schielt offenbar nur nach dem Beifall der roten Diktatoren".[16] Lautet die Schlagzeile in der „National-Zeitung": „Willy Brandts Verbrechen. Bahrs Dolchstoß gegen Deutschland"[17], so bezeichnet der „Bayernkurier" Brandt als „Kanzler des Ausverkaufs"[18], als „Verzichtkanzler" mit einem „antieuropäisch-prosowjetischen Programm"[19] und die SPD als „die Partei des Ostens"[20]. Und Strauß erklärte: „Merkt man denn, daß man Deutschland damit nicht nur ausverkauft; denn Ausverkauf setzt noch einen Preis voraus, wenn auch einen reduzierten Preis, sondern daß man damit Deutschland allmählich verschenkt?"[21]

Die gemeinsame Stoßrichtung ist nicht zu übersehen, und selbst Unterschiede in der Heftigkeit sind schwer zu erkennen. Mindestens in dieser zentralen Frage der gegenwärtigen Politik ist das Bündnis zwischen den neofaschistischen Kräften und den von Strauß repräsentierten Kräften politisch-ideologisch schon vorhanden, wenn es sich auch organisatorisch noch nicht formiert hat.

An dieser Stelle ist die Frage nicht zu umgehen, was diese Agitation gegen die Politik der Entspannung und der Anerkennung der bestehenden Grenzen inhaltlich zu bedeuten hat. Dabei darf als evident vorausgesetzt werden, daß es im Mitteleuropa des 20. Jahrhunderts unmöglich ist, mit friedlichen Mitteln Grenzveränderungen in solchem Maßstab vorzunehmen, daß dadurch die Lebensinteressen der einen Seite wesentlich beeinträchtigt würden. Ebenso unbestreitbar dürfte es sein, daß der Verlust eines Drittels des Staatsgebietes für Polen eine wesentliche Beeinträchtigung seiner Lebensinteressen bedeuten würde.

Wenn eine politische Gruppierung dennoch permanent erklärt, eine solche Grenzveränderung sei auf friedlichem Wege möglich und – mindestens – die Wiederherstellung von 1937 müsse als politisches Ziel der Bundesrepublik unbedingt erhalten bleiben, führende Repräsentanten außerdem die unverzichtbaren Rechtsansprüche auf das Sudetenland betonen[22] oder gar erklären: „Wir wollen ganz Böhmen, wir wollen Mähren und Schlesien, die Slowakei und Ungarn, Polen und das Land der Kroaten und Slowenen ins christliche Abendland zurückführen"[23], so läßt das mehrere Interpretationen zu:

1) Es könnte sein, daß diese Gruppierung von ihrer These ehrlich überzeugt ist. Dann würde es sich um realitätsferne Illusionisten handeln. Das bisherige politische Verhalten von Strauß läßt jedoch den Schluß zu, daß ihm ein Blick für das real Mögliche nicht gänzlich fehlt.

2) Es könnte sein, daß sie den illusionären Charakter ihrer Versprechungen erkennt, aus agitatorischen Gründen aber dennoch an ihnen festhält – sei es, um die Vertriebenen als Wählerreservoir zu erhalten, sei es, um nationalistische und antikommunistische Stimmungen zu schüren, die für die eigene Politik nützlich erscheinen, sei es, um das Mißtrauen der östlichen Nachbarn wachzuhalten und so in jedem Fall eine Entspannung zu blockieren. Die Repräsentanten einer solchen Gruppierung wären als Demagogen und ihre Politik als nationalistisch und entspannungsfeindlich zu bezeichnen.

3) Schließlich käme als dritte Möglichkeit in Betracht, daß sie die Grenzen wirklich verändern will, den Zusatz „mit friedlichen Mitteln" aber lediglich aus taktischen Gründen hinzufügt und tatsächlich sich klar darüber ist, daß sich diese Ziele nur durch Anwendung von Gewalt oder durch massive Drohung mit Gewalt verwirklichen lassen. Eine solche Politik wurde von der nationalsozialistischen Regierung in den Jahren 1933–1938 praktiziert. Wäre diese Interpretation richtig, so müßten Strauß und die um ihn gruppierten Persönlichkeiten als gefährliche, den Frieden in Europa unmittelbar bedrohende Machtpolitiker bezeichnet werden, die den faschistischen Imperialismus wieder aufnehmen wollen. Bedenkt man, wie heftig Strauß die Politik des Gewaltverzichts bekämpft, wie zäh er um die Verfügungsgewalt der Bundeswehr über Atomwaffen gerungen und wie nachdrücklich er dem östlichen Feind die totale Vernichtung mit Hilfe des gewaltigen westlichen Militärpotentials angedroht hat, so kann diese Möglichkeit nicht völlig ausgeschlossen werden. Sein großsprecherisches Renommieren mit der eigenen Militärmacht erinnert in fataler Weise an entsprechende Verhaltensformen der deutschen Rechten in der Vergangenheit – von Wilhelm II. bis Adolf Hitler: „Wir leben in einem technischen Zeitalter, in dem die vereinigte Stärke unserer Bundesgenossen ausreicht, um das Reich der Sowjetunion von der Landkarte streichen zu können."[24]

Welche dieser drei Interpretationen aber auch immer die richtige sein mag – die objektiven Folgen der Forderung nach Revision der bestehenden Grenzen und Durchsetzung angeblicher deutscher „Rechtsansprüche" sind in jedem Fall: eine Atmosphäre des gegenseitigen Mißtrauens in Mitteleuropa und eine Steigerung der nationalistischen und chauvinistischen Stimmungen in der Bundesrepublik. Beides trägt dazu bei, den Boden für den Neofaschismus zu bereiten, der nur unter solchen Voraussetzungen Erfolgsaussichten hat. Es ist deshalb kein Zufall, daß die neofaschistischen Gruppen im Kampf gegen die Ostpolitik der Bundesregierung mit Strauß und der CSU in einer Front stehen, wobei sie freilich in ihren Revisionsforderungen noch wesentlich anspruchsvoller sind und außer der DDR, den Gebieten östlich von Oder und Neiße und dem Sudetenland auch noch Ostpreußen, das Memelland und einiges andere zurückerobern wollen.[25]

Das Gefühl der Bevölkerung, entrechtet und in ihren Lebensinteressen beeinträchtigt zu sein, wird aber nicht nur durch die Polemik gegen die Vertreibung und die Forderung nach Wiedergewinnung der verlorenen Ostgebiete geweckt. Auch das Verlangen nach Atomwaffen ordnet Strauß in diesen Zusammenhang ein, indem er betont, wer keine Atomwaffen habe, sei nicht souverän: ,,Es dreht sich alles um die Tatsache, daß der Besitz und die Verfügung von Kernwaffen im Begriff sind, zum Symbol oder vielmehr zum Charakteristikum, zum Prüfstein der Souveränität zu werden.''[26] Wenn er gegen den Atomwaffensperrvertrag als ,,Super-Versailles kosmischen Ausmaßes'' polemisiert[27], so zielt er genau auf diese nationalen Minderwertigkeitskomplexe, die schon die Rechte in der Weimarer Republik in ihrer Agitation gegen das ,,Versailler Schanddiktat'' mobilisierte. Wenn Strauß vom ,,Schandvertrag von Potsdam'' und von den Kontrollratsgesetzen zur ,,Niederhaltung und Unterwerfung Deutschlands'' sprach[28], und wenn der ,,Bayernkurier'' das Moskauer Abkommen als ,,Moskauer Diktat'' bezeichnet[29] und der Bundesregierung vorwirft, sie sei ,,inzwischen geübt, sich für Demütigungen und Fußtritte aus dem Ostblock masochistisch mit immer neuen Beweisen deutschen Wohlverhaltens zu bedanken''[30], so drängt das in die gleiche Richtung. Gerade die Formel vom nationalen Masochismus nimmt in der neofaschistischen Propaganda eine ganz zentrale Stellung ein. Daß solche Minderwertigkeitskomplexe für eine neue deutsche Machtpolitik mobilisiert werden sollen, zeigt nicht nur die Wendung von den „atomaren Habenichtsen"[31], sondern auch die ständige Betonung der politischen Bedeutungslosigkeit der Bundesrepublik, die ihrer wirtschaftlichen Macht in keiner Weise entspreche. Erst wenn die „berechtigten Lebensinteressen" der zweitstärksten Wirtschaftsmacht der westlichen Welt befriedigt seien – und dazu gehören u. a. der Anschluß der DDR und eines Drittels des jetzigen polnischen Staatsgebiets –, könne „wirklich Ruhe und echte Entspannung in Europa eintreten".[32] Ein Unbefangener würde hier wohl von einer Politik der Erpressung sprechen, für die es in der deutschen Politik allerdings Vorläufer gibt.

III

Die Übereinstimmung zwischen den von Strauß repräsentierten Kräften und dem Neofaschismus, die zugleich die Tradition der antidemokratischen Rechten aus der Weimarer Zeit fortsetzt, in einem wesentlichen Bereich der gegenwärtigen Politik führt zu der Frage, ob diese Übereinstimmung zufälliger Natur ist oder ob ihr politische und ideologische Gemeinsamkeiten prinzipieller Art zugrundeliegen. Die bisherigen Erörterungen zeigen, daß es erforderlich ist, die politischen Verhaltensformen und Ordnungsvorstellungen der von Strauß repräsentierten Kräfte genauer ins Auge zu fassen und nach ihrem Verhältnis zur Demokratie einerseits und zum Faschismus andererseits zu befragen.

In der Ideologie der deutschnationalen und faschistischen Rechten in der Vergangenheit wie auch in der des Neofaschismus treten vier Elemente besonders hervor, die miteinander in engem Zusammenhang stehen:

1) die Betonung von Ordnung und Autorität, die Diffamierung linker Kritiker als zersetzend und nihilistisch und das bei dieser Beurteilung zugrundeliegende starre Schema einer Zweiteilung der Welt in gut und böse;

2) ein emotional aufgeladener, militanter Antikommunismus, wobei die Begriffe Kommunismus, Marxismus und Sozialismus enorm ausgeweitet werden, um jede Forderung nach sozialem Fortschritt als kommunistisch disqualifizieren zu können;

3) die Entfachung von Angst vor feindlicher Aggression, um die Verstärkung der eigenen Militärmacht zu rechtfertigen und linke Kritiker als Agenten des äußeren Feindes denunzieren zu können;

4) die Hetze gegen Minderheiten, die als minderwertig dargestellt, aus dem Bereich des Humanen hinausdefiniert und so als Aggressionsobjekte freigegeben werden.

Es ist zu prüfen, ob und wieweit solche Elemente auch bei den von Strauß repräsentierten Kräften erkennbar sind.

Zu 1): Schon innerhalb der von ihm geführten Partei setzt Strauß – ohne Rücksicht auf die in Art. 21, 1 GG formulierten Vorschriften über die innerparteiliche Demokratie – resolut autoritäre Prinzipien durch. Vor CSU-Funktionären äußerte Strauß: ,,Ich bin ein Deutschnationaler und fordere bedingungslosen Gehorsam.''[33] In einer Wahlrede stellte er sein Verständnis von der politischen Willensbildung in der CDU/CSU dar: ,,Jeder hängt von mir ab, der Kanzler werden will. Sie müssen alle fragen: Franz Josef, bist du einverstanden? Dann stelle ich meine Bedingungen für die Politik, die für das letzte Drittel des 20. Jahrhunderts nötig ist.''[34] Das autoritäre Selbstverständnis ist offenkundig. Dem Vorsitzenden des Bezirksverbandes München der Jungen Union tat er kund: ,,Ich lasse mir von so charakterlosen Burschen wie ihr die Partei nicht kaputtmachen. Juso-Methoden wird es bei uns nicht geben. Der erste, der damit anfängt, der kriegt von mir persönlich einen Kinnhaken, daß es ihn raushaut.''[35] In diesem Zitat kommt auch die Diffamierung der Opposition (,,charakterlos'') und die latente Brutalität von Strauß schon zum Ausdruck. Auch seine Antwort an RCDS und Junge Union Bayerns, die verlangt hatten, Strauß solle sein Meinungsmonopol beim ,,Bayernkurier'' aufgeben, ist symptomatisch für sein Verständnis von Demokratie: ,,Ich bin die Stimme der Partei. Bringen Sie das Geld mit, dann dürfen Sie auch mitreden.''[36]

Solche autoritären Vorstellungen von Demokratie überträgt Strauß auch auf den Bereich des Staates. Wenn er sich für die ,,besondere Würde des Staates'' einsetzt und ihr die ,,jahrelang betriebene beispiellose Hetze und Verlästerung gegen unseren

Staat durch verantwortungslose Kräfte der deutschen Linksintelligenz"[37] gegenübergestellt, so liegt hier das klassische Schema der oben beschriebenen Agitationsfigur vor. Während der demokratische und soziale Rechtsstaat nur die „Würde des Menschen" kennt[38], wird hier der Staat mit einer höheren Weihe versehen, um – gemäß der autoritären Tradition seit dem Obrigkeitsstaat – den nötigen Respekt der Untertanen vor der Obrigkeit zu erzeugen. Die Diffamierung der linken Intelligenz und der „Literaten"[39] wurde von den Deutschnationalen fast ebenso energisch betrieben wie von den Nationalsozialisten. Da es sich hier um ein Motiv handelt, das bei der neuen Rechten um Strauß ständig wiederkehrt, mag ein weiteres Beispiel genügen: die Gefahr sei groß, denn „Europas extreme Linksintelligentsia bläst zum Frontalangriff gegen Staat und Gesellschaft".[40] Als Retter vor den Gefahren bietet sich der Mann an, der mit eiserner Faust Ordnung schafft. Wenn die „Bild-Zeitung" schreibt: „Franz Josef Strauß gilt als harter entschlossener Mann . . . Nicht zuletzt deswegen setzt gerade der kleine Mann auf ihn"[41], so wird genau auf diese Sehnsucht nach Ruhe und Ordnung spekuliert. Mit den Worten des „Bayernkurier": „Eine entschlossene politische Führung und eine kluge Politik sind das Wichtigste. Demokratie braucht eine starke und zuverlässige Regierung und eine stabile Ordnung . . ."[42] Strauß selbst stellt sich deshalb bewußt als „starken Mann" dar.[43] Was der Begriff der „Ordnung" bei Strauß alles umfaßt, deutet die Wendung an, es sei erforderlich, „in Vietnam Ordnung zu schaffen . . ., um im asiatischen Raum die Stellung nicht nur zu halten, sondern einen Schritt weiterzukommen"[44].

Die Behauptung von Strauß, durch die Politik der Linken werde „rechtsradikalen Elementen mit ihrem bekannten Ruf nach Ordnung und Sicherheit" Auftrieb gegeben[45], ist unter diesen Umständen leicht als Ablenkungsmanöver zu durchschauen, denn kaum ein anderer setzt die Parole von „Ordnung und Sicherheit" so wirksam ein wie Franz Josef Strauß. Wenn er selbst die Parole als Ruf rechtsradikaler Elemente kennzeichnet, so kommt hier allerdings zugleich ungewollt das zum Vorschein, was eigentlich verschleiert werden sollte: die enge ideologische Verwandtschaft zwischen ihm und dem Rechtsextremismus.

Das ständige Bekenntnis zur Demokratie muß also konfrontiert werden mit dem Inhalt seiner Ideologie und seiner Ordnungsvorstellungen, um es in seinem Stellenwert zu erkennen.

In der schon genannten grundlegenden Untersuchung zur autoritären Persönlichkeit heißt es zum Verhalten des ,,Agitators'' in diesem Punkt: ,,Er spricht als ein Verfechter von Demokratie und Christentum und beteuert, daß er ,nur die Gesetze verteidigt' . . . Um noch mehr Verwirrung anzustiften, gibt er den Vorwurf des Faschismus an diejenigen zurück, die entschlossen sind, dagegen Front zu machen.''[46] Und in der Tat greift Strauß auch zu diesem Mittel: Linke Zwischenrufer bezeichnete er als ,,Spätnazis''[47]; die Bundesregierung verhalte sich gegenüber der Presse ,,wie Goebbels''[48]; wer sich mit der Teilung Deutschlands abfindet, sei ein ,,Faschist, der sich mit Hitlerstiefeln über den Willen des Volkes hinwegsetzt''[49]. Hier ist ohne Zweifel ein Gipfel demagogischer Verdrehung erreicht.

Zu den autoritären Ordnungsvorstellungen gehört die Hochschätzung des Militärs nicht nur als Instrument der Außenpolitik, sondern auch als Verkörperung hierarchischen Organisationsprinzips. So betont Strauß, die Bundeswehr sei ,,kein demokratisches Exerzierfeld'' und ,,Entspannungseuphorie'' untergrabe ihre Existenz''[50]. Statt dessen sei sie, wie CSU-MdB Jaeger betonte, ,,eine Erziehungsanstalt''[51]. Das Prinzip der Inneren Führung bedeutet – so der ,,Bayernkurier'' – ,,Zersetzung der Disziplin''[52]. Politik begreift Strauß mit militärischen Kategorien: ,,Koexistenz und Entspannung'' bedeuten für ihn eine offensive Fortsetzung des Kalten Krieges, eine ,,politische Waffe'' mit dem Ziel, in den sozialistischen Ländern ,,von innen her den Kommunismus zu überwinden. Der ,Kalte Krieg' ist damit vom Stellungskampf in einen Bewegungskampf übergegangen.''[53] Die Wertschätzung des Militärischen bezieht sich dabei durchaus auch auf das Militär des faschistischen Systems, und die Waffen-SS ist in seine ,,Hochachtung vor dem deutschen Soldaten des Weltkrieges einbezogen''[54]. Er selbst brüstet sich mit seinen soldatischen Erlebnissen in Frankreich und in Stalingrad.[55]

Schon in diesen Zitaten deutet sich ein typisches Merkmal autoritärer Ideologie an, nämlich das starre Schwarz-Weiß-Bild, die Einteilung der Welt in gut und böse, in Kräfte der Erhaltung und Kräfte der Zersetzung. Adolf Hitler schrieb dazu in „Mein Kampf“: „Die Aufgabe der Propaganda ist z. B. nicht ein Abwägen der verschiedenen Rechte, sondern das ausschließliche Betonen des einen . . . Sowie durch die eigene Propaganda erst einmal nur der Schimmer eines Rechts auch auf der anderen Seite zugegeben wird, ist der Grund zum Zweifel an dem eigenen Recht schon gelegt . . . Es gibt hierbei nicht viel Differenzierungen, sondern ein Positiv und ein Negativ, Liebe oder Haß, Recht oder Unrecht, Wahrheit oder Lüge . . .“[56] Psychologische Untersuchungen haben gezeigt, daß es sich bei diesem Schwarz-Weiß-Bild aber nicht um bloße Demagogie zum Zweck größter Wirksamkeit, sondern um eine wirkliche Weltanschauung handelt, die aus dem autoritären Charakter resultiert: „An Stelle einer Vielfalt mehr oder weniger komplexer Situationen, denen man nur mit einer ganzen Reihe von recht differenzierten Ideen gerecht werden kann, läßt der Agitator die Welt als einen Kampf zwischen zwei unversöhnlichen Lagern verstehen . . . Es ist eine Welt des Entweder-Oder; entweder du überlebst, und keiner fragt, mit welchen Mitteln, oder du gehst unter, und keiner fragt nach deinen guten Absichten.“[57]

Der deutsche Neofaschismus ist dieser Maxime Hitlers treu gefolgt. Für die „Deutschen Nachrichten“ ist es klar, daß sich bei den Demonstrationen gegen einen NPD-Parteitag „zwei Welten begegnen: dort die Kräfte des Nihilismus, der Zersetzung, der Auflösung unserer rechtsstaatlichen und demokratischen Ordnung . . . Und hier von ihrer Sache überzeugte Patrioten . . .“[58]. Mit der gleichen Zweiteilung arbeiten aber auch Strauß und die von ihm repräsentierten Kräfte. CSU-MdB Richard Jaeger erklärte z. B.: „Die Hälfte der Welt wird von Gentlemen geführt, die andere Hälfte von Banditen.“[59] Die „Spiegel“-Affäre war für den „Bayernkurier“ „die größte und hinterhältigste Attacke, die von der vereinigten Linken gegen die staatserhaltenden Kräfte geritten wurde“[60]. (Auch die Art und Weise, wie hier das Opfer des Strauß'schen Anschlags zum Aggressor umgefälscht wird, folgt in geradezu klassischer Weise faschistischer Demagogie, wie sie vom Reichstagsbrand 1933 bis zum Überfall auf Polen 1939 vorgeführt wurde.)

Das starre Freund-Feind-Schema bestimmt auch die Vorstellungswelt von Strauß über die internationalen Beziehungen. Das kommt zum Ausdruck in der Betonung militärischer Macht und der Unfähigkeit, sich eine internationale Ordnung der friedlichen Koexistenz auch nur vorstellen zu können. Auf die Frage: „Soll der ‚Kalte Krieg' immer so weitergehen?" antwortete Strauß unverblümt: „Ja. Leider muß ich es so ausdrücken."[61] Das Bekenntnis zum Kalten Krieg verband Strauß gelegentlich mit einem Hieb gegen Homosexuelle in der wahrhaft „originellen" Wendung: „Ich will lieber ein kalter Krieger sein als ein warmer Bruder"[62], mit der die Entspannungspolitiker auf subtile Weise zugleich sittlich-moralisch disqualifiziert werden.

Der Frankfurter Friedensforscher Dieter Senghaas weist mit Recht darauf hin, daß das starre Feindbild internationale Verständigung von vornherein unmöglich macht. Wie der andere sich auch immer verhalten mag – sein Verhalten wird interpretiert mit den Kategorien des Feindbildes: Verhält er sich abweisend, so gilt das als Bestätigung seiner Feindseligkeit. Verhält er sich aber entgegenkommend, so gilt das als ganz besondere Tükke, mit der seine Aggressivität listig getarnt wird.[63] In der Tat verläuft die Polemik der Rechten gegen die Entspannungspolitik in diesen Bahnen. Da es aber diese Rechte selbst ist, die die Grenzen verändern will, muß dieses Feindbild psychologisch als Projektion der eigenen Aggressivität auf den Feind verstanden werden.[64] So ist es nur konsequent, wenn die scheinbar auf Verständigung zielende Europapolitik in den Dienst einer gegen den Osten gerichteten Expansionspolitik gestellt wird: „Nur eine westeuropäische Aktionsgemeinschaft schafft die Ausgangsbasis für eine Politik, mit der die Demarkationslinie der Kriegskonferenz von Jalta beseitigt werden kann."[65] Die Europaideologie in diesem aggressiven Sinne haben sich mittlerweile auch neofaschistische Gruppen wie die Deutsche Jugend des Ostens zu eigen gemacht: „Es geht keineswegs nur um das Nationale, sondern um das wahre und wirkliche Europa, das ohne den verlorenen deutschen Osten niemals sein eigenes Gesicht, seine gewachsene Gestalt und seine gottgegebene Stimme als dritte Kraft zwischen Amerika und Asien erhalten wird." Anschließend wird dann ausgeführt, daß auch „ein polnisches Polen" und „ein russisches

Rußland" notwendig seien, damit „Europa als Mutter und Mitte der Erdmächte" wiedererstehen kann.[66] Wie bei Strauß steht auch die Forderung nach Atomwaffen in Zusammenhang mit diesem aggressiven Konzept: „Erst unter einem eigenen nuklearen Abschreckungsschild ist eine erfolgversprechende Ostpolitik möglich."[67]

Für humanitäre Überlegungen, Verständigungsbereitschaft und Warnungen vor den verherrenden Wirkungen eines Atomkrieges haben solche Kräfte nur Schimpf und Verachtung übrig. So diffamierte Strauß die Atomphysiker, die 1957 vor den Folgen der atomaren Rüstung warnten, als „Moralromantiker" und „Weltverbesserer", die der sowjetischen Machtpolitik nützten[68], Kriegsdienstverweigerer als Feiglinge[69] und den Pazifismus als möglicherweise „kriegsfördernd"[70]. Ein solcher Militarismus verletzt nicht nur das im Grundgesetz gewährleistete Recht auf Kriegsdienstverweigerung, sondern erinnert sehr deutlich an die verächtlichen Reden faschistischer Führer über die „Humanitätsduselei" derer, die vor Krieg und Militarismus warnten.

Zu 2): Daß der Antikommunismus eines der zentralen Motive bei Strauß darstellt, braucht nicht erst durch Zitate bewiesen zu werden. Und daß die von Strauß repräsentierten Kräfte dabei Emotionen mobilisieren, ist evident: die Angst vor einem angeblich drohenden Angriff der sozialistischen Staaten, die Angst der Eigenheimbesitzer vor der angeblich drohenden Enteignung usw. Entscheidend ist jedoch, daß diese Kräfte – wie einst NSDAP und Deutschnationale und heute die NPD[70] – diese Emotionen gegen alle entfachen, die auch nur minimale gesellschaftliche Reformen im Interesse der unteren Klassen anstreben. Der Begriff Sozialismus läßt sich ohne Zweifel unterschiedlich auslegen, aber eine elementare Voraussetzung muß gegeben sein, damit vom Sozialismus die Rede sein kann: die Vergesellschaftung der Produktionsmittel. Strauß aber, der die schrecklich-angstvollen Assoziationen kennt, die viele deutsche Bürger mit dem Wort Sozialismus verbinden, besteht darauf, daß es sich bei der Politik der SPD um Sozialismus handele: Auf die Frage „Nennen Sie die sozialdemokratische Mitbestimmungskonzeption sozialistisch?" antwortete Strauß: „Eine Vorstellung, die das Wesensmerkmal der unternehmerischen Entscheidungsfreiheit aufhebt, ist sozialistisch."[72] Die Jungsozialisten leisten nach Strauß „den kommunistischen Zielsetzungen Vorschub"[72]. Im „Bayernkurier" heißt es: „Der rote Sowjetstern beginnt zum Etikett einer SPD zu werden, über die, um Lenin zu zitieren, die ‚nützlichen Idioten' die Kontrolle zu verlieren beginnen."[74] Und die CSU verkündete im Wahlkampf: „Wählt SPD – und ihr werdet enteignet."[75] Die sozialliberale „Frankfurter Rundschau" ist für Strauß das „Sprachrohr bundesrepublikanischer Linksextremisten"[76].

In der Untersuchung über die autoritäre Persönlichkeit heißt es dazu, der Agitator mache keinen Unterschied zwischen den verschiedenen Spielarten gegnerischer Strömungen: „Seien sie nun revolutionär oder reformistisch, extrem oder gemäßigt; auch nicht zwischen den verschiedenen Taktiken, die von diesen Bewegungen angewendet werden. Er wirft sie alle in einen Topf und macht daraus ‚die' Revolutionsgefahr . . . Sein Begriff von Kommunismus ist unendlich dehnbar." So sei es ihm möglich, „jeden, den er für ‚verdächtig' hält, als ‚Kommunisten' oder Promoter des ‚Kommunismus' abzutun"[77].

Bedeutung erlangt dieses Motiv bei Strauß und der CSU auch in der Beurteilung der Ostpolitik. Hier erscheint – wie schon belegt – die Regierung Brandt/Scheel als Agent und Vollzugsorgan Moskaus, um die Bundesrepublik dem Bolschewismus auszuliefern. Einen ganz plumpen Versuch, die Ängste vor der „roten Gefahr" für die CSU zu mobilisieren, unternahm der Bundestagsabgeordnete Richard Jaeger: „Wenn Brandt Kanzler würde, dann müßten wir uns fragen, ob wir dann am Ende die Rote Armee über Nacht bei uns im Lande haben."[77]

Die Kräfte um Strauß machen sich damit nicht nur die durch jahrzehntelange antikommunistische und antisozialistische Propaganda der Rechten erzeugten Emotionen zunutze, sondern folgen auch hier den in der deutschen Geschichte vorgezeichneten Bahnen der Rechten: Für den wilhelminischen Obrigkeitsstaat wie für die Nationalsozialisten waren auch die Sozialdemokraten und die Gewerkschaften destruktive Kräfte, die es kompromißlos zu bekämpfen galt. Der soziale Inhalt einer solchen

Politik ist gleich geblieben: Die bestehenden Herrschaftsverhältnisse und die damit verbundenen Privilegien für die besitzenden Klassen sollen bewahrt, die Lohn- und Gehaltsempfänger in ihrer Abhängigkeit erhalten werden. Strauß geht es ausschließlich um die „unternehmerische Entscheidungsfreiheit". Dabei kann die Entscheidungsfreiheit der großen Mehrheit der Bevölkerung, der Arbeiter und Angestellten, ruhig auf der Strecke bleiben. Mit dem Prinzip der sozialen Demokratie, wie es in Art. 20 GG formuliert ist, dürfte ein solches Gesellschaftsbild kaum zu vereinbaren sein. Die Teilung der Gesellschaft in Herrschende und Beherrschte ist für Strauß ein Naturgesetz. Das demokratische Prinzip der Gleichheit ist für ihn „sozialistische Gleichmacherei"[79]. So stehen nicht zufällig Strauß und die CSU in der Frage der Mitbestimmung[80] in einer Front mit der NPD, und auch in der Gewerkschaftsfeindlichkeit ist kein Unterschied zu erkennen. Der „Bauernkurier" erwog bereits die Auflösung des DGB[81] und knüpfte damit direkt an den Faschismus an, zu dessen zentralem Merkmal die Unterdrückung selbständiger Arbeiterorganisationen gehört; das gilt für den italienischen und deutschen Faschismus ebenso wie für die halbfaschistischen Systeme in Spanien und Portugal.[82]

Zu 3): Der kaiserliche Obrigkeitsstaat hat Angststimmungen dadurch erzeugt, daß er das Deutsche Reich als von Feinden umgeben darstellte, die jederzeit bereit seien, über Deutschland herzufallen. Auch das faschistische Deutschland stellte die „bolschewistische Gefahr" und die äußere Bedrohung generell so gewaltig wie möglich dar. Noch im November 1933, als die Aggression bereits eine ausgemachte Sache war, rief Hitler aus: „Wenn überhaupt jemand auf der Welt sich bedroht fühlen kann, so sind das doch nur wir allein."[83] Besonders der „Schutz der zivilisierten Welt vor dem Bolschewismus" sei die Aufgabe Deutschlands, versicherte Hugenberg.[84]

In beiden Fällen sollten damit die psychologischen Voraussetzungen zur Verstärkung der eigenen Militärmacht und zur Unterdrückung demokratischer Kritik geschaffen werden, die leicht als Instrument des äußeren Feindes denunziert werden konnten. Bezeichnenderweise verband sich in beiden Fällen –

wie bei der Rechten der Bundesrepublik – mit dieser Ängste mobilisierenden Defensivideologie die durchaus aggressive Forderung, der Status quo müsse zugunsten des Deutschen Reiches verändert werden.

Die NPD hat diese Propaganda in all ihren Komponenten übernommen.[85] Ihre zentralen Motive finden sich aber auch bei Strauß und der CSU, allerdings etwas milder formuliert und häufiger mit Bekenntnissen zur freiheitlichen Demokratie und zur westlichen Bündnisgemeinschaft versehen. In einer Wahlanzeige der CSU ist die Rede von „der alten Verschwörung gegen Deutschland", vom „Vernichtungswillen der Gegner" und von „Verrat und Verantwortungslosigkeit"[86]. Mit der Wendung von der „alten Verschwörung gegen Deutschland" ist nicht nur inhaltlich-politisch, sondern auch formell und ausdrücklich der Anschluß an die Weltverschwörungsideologie früherer Stadien der deutschen Rechten vollzogen. Als Agenten Moskaus fungieren dabei nicht nur alle linken Parteigruppierungen bis hin zur SPD und den Jungdemokraten[87], sondern auch alle Journalisten, die die Machtpolitik der Rechten kritisieren. So äußerte Strauß: „Die Redaktionen der Rundfunk- und Fernsehanstalten kann man bald schon Moskaus Außenposten in Deutschland nennen."[88] Und CSU-MdB Unertl sprach von „Zersetzungsaposteln" im Rundfunk.[89]

In dem Teil der Studie über die autoritäre Persönlichkeit, der sich mit der Rolle des Agitators befaßt, wird die hier von der CSU propagierte „Idee einer permanenten Verschwörung" als wesentliches Motiv eines solchen Agitators genannt. Z. B. behaupte er, daß „eine Verschwörung im Gange sei, ‚um die Kirche zu ruinieren'. Ebenso werde durch Lügen und widersprüchliche Auslegungen der Klassenhaß aufgeputscht; all dies diene dazu, Verwirrung zu stiften; dahinter verbergen sich die wirklichen Drahtzieher mit ihren eigentlich teuflischen Plänen, das Christentum zu zerstören oder die westliche Zivilisation." Die Verschwörer werden aber „nicht so dargestellt, als ob sie aus rational begreifbaren Überlegungen und Absichten handeln würden, sondern vielmehr so, als ob sie von einem Zerstörungswillen an sich beseelt wären"[90].

Eine weitere sozialpsychologische Studie ist hier von Interesse. Die Gießener Psychosomatiker Prof. Richter und Dr. Beckmann legten 1968 eine Untersuchung über die typischen Persönlichkeitsmerkmale von NPD-Anhängern vor[91], in der es heißt: Insgesamt seien die Partnerbeziehungen „mehr aggressiv als libidinös gefärbt". Die Vorstellung von einem „düsteren Umweltverhältnis" sei kennzeichnend, wobei der Feind Ursache allen Übels und aller Gefahr sei: „Kein selbstkritischer Gedanke regt dazu an, eigenes Verschulden und eigene Fehlhandlungen anzuerkennen und daraus zu lernen. Nur äußeres Ungemach trübt das kollektive Selbstbild." Es ist offensichtlich, daß damit auch die Vorstellungswelt der von Franz Josef Strauß repräsentierten Kräfte präzis beschrieben ist. Auch bei ihnen gibt es kein Anzeichen dafür, daß sie die Machtpolitik und die Ideologie der deutschen Rechten im Kaiserreich und im Faschismus als verfehlt anerkannt und daraus die Konsequenzen gezogen hätten. Richter und Beckmann fahren fort: „Den einzigen verläßlichen Angstschutz böte also eine Politik siegreicher Unnachgiebigkeit", denn sich selbst charakterisieren die NPD-Anhänger als „stark, unbeirrbar, durchhaltefähig . . .". Eben diese Politik wird auch von den um Strauß gruppierten Kräften zu betreiben versucht.

Zu 4): Die agitatorisch vielleicht wirksamste, in ihren Folgen jedenfalls besonders unmenschliche Komponente faschistischer Ideologie war die Diffamierung von Minderheiten als minderwertig, kriminell, volksfremd und volksschädlich, ihre Aussonderung aus dem Bereich des Humanen, die zunächst verbal und dann als physische Vernichtung vollzogen wurde. Juden und Zigeuner, Intellektuelle und Marxisten wurden so als Aggressionsobjekte freigegeben und schließlich der staatlich organisierten Massenmordmaschinerie ausgeliefert.

Gerade in diesem Bereich gibt es bei Strauß und den von ihm repräsentierten Kräften Elemente, in denen die faschistische Ideologie total und ohne jede Einschränkung übernommen wird. Der „Bayernkurier" begreift die Münchener Kunstakademie angesichts ihrer studentischen Protestbewegung als „eine Brutstätte des Zerfalls", die man beseitigen müsse, „so wie man ein Geschwür aufschneidet, damit es nicht den gesamten Körper verseucht"[92]. Auch andere Gruppen der linken Opposition werden mit dem auf Aussonderung und Ausrottung zielenden

Terminus „Seuche" belegt[93], außerdem als „organisierte Bande politischer Landstreicher" bezeichnet; hier organisiere sich der „kalte berechnende Haß gegen Recht, Gesittung und Ordnung . . . der Neid der Asozialen, die Zerstörung total negativer Elemente, die ihre kriminelle Einstellung zur Gesellschaft mit politischen Motiven tarnen"[94]. CSU-MdB Unertl sprach von der „ungewaschenen, verdreckten und verlausten Kreatur Dutschke"[95], Strauß von linken Studenten als „halbintellektuellen Hanswursten" und „Viertelintellektuellen"[96] und von Publikationsorganen als „volksfremd"[97]. Beschimpfungen und Brutalität liegen da nahe beieinander: Einen Zwischenrufer in einer Wahlversammlung schrie Strauß an: „Jetzt halten Sie den Mund, Sie hirnloser Schreier. Sonst fliegen Sie hinaus, Sie Pfifferling, Sie."[98] Auf Gruppen der linken Opposition wandten Strauß und der „Bayernkurier" Ausdrücke wie die folgenden an: „Ungewaschene und Verdreckte"[99], „verdreckte Vietkong-Anhänger, die da öffentlich Geschlechtsverkehr treiben"[100], „Gesindel", „Kanaillen", „linker Mob", „entmenschte Vandalenhorden"[101]. Die neofaschistische Deutsche Jugend des Ostens wendet die Bezeichnung „entmenschlicht" bezeichnenderweise für die Gebiete östlich von Oder und Neiße an, in denen jetzt Polen, also keine wirklichen Menschen mehr leben: „Die gemarterte, geschändete, geraubte und entmenschlichte Heimat der Ostdeutschen . . .".[101] In diesem Bereich ist eine Grenze zwischen den um Strauß gruppierten Kräften und der faschistischen Ideologie offensichtlich nicht mehr zu entdecken.

Den Gipfel eindeutig faschistischer Agitation aber erreichte Strauß, als er nach einer Protestaktion Jugendlicher beim Landratsamt in Bamberg an den bayerischen Ministerpräsident Goppel telegrafierte: „Die Außergesetzlichen haben in gröbster Weise die öffentliche Ruhe und Ordnung gestört . . . Diese Personen . . . benehmen sich wie Tiere, auf die die Anwendung der für Menschen gemachten Gesetze nicht mehr möglich ist."[103] Sein Parteifreund Unertl fand diese Formulierung zu mild: „Franz Josef, hab ich zu ihm gesagt, wieso sprichst du von Tieren? Tiere sind doch auch Katz und Hund, und die sind sauber. Säue hättest sagen müssen."[104] Dr. Emil Franzel, vor 1945 sudetendeutscher Nationalsozialist, dann Mitglied der CSU, Mitarbeiter des „Bayernkurier" und Leitartikler des offiziellen „Bayerischen Staatsanzeigers", hatte schon vorher die von Strauß so genannten „Tiere" genauer bezeichnet: Über die gegen den Springer-Konzern demonstrierenden Studenten schrieb er: „Springer könnte sich die Wanzen bald vom Leibe schaffen, wenn er nicht so merkwürdige Hemmungen gegen die Anwendung der einzig dafür tauglichen Mittel hätte. Man kann Ungeziefer eben nur mit den geeigneten mechanischen und chemischen Mitteln vertilgen, nicht mit gutem Zurden."[105] Diesem Emil Franzel, der hier zur physischen Vernichtung politischer Gegner, also zum Massenmord aufforderte, widmet der „Bayernkurier" eine Lobrede, in der es heißt: „Er gehört zu den wenigen großen politischen Polemikern, die aus der Quelle eines fundierten historischen Wissens und aus der Liebe zu dem, was er zu verteidigen hat, schöpfen."[106] Aus der Hand des CSU-Abgeordneten Hundhammer erhielt Franzel 1968 den Preis der „Deutschland-Stiftung" für Publizistik.

Jeder kann daraus ableiten, wie die von Strauß repräsentierten Kräfte mit den „Tieren", „Wanzen" und „Außergesetzlichen" verfahren würden, wenn sie die unbeschränkte Macht hätten. Der Deutsche Richterbund hat mit vollem Recht gegen „diesen Mißbrauch der Menschenwürde und gegen die Aufforderung zur gesetzlosen Verfolgung" protestiert und festgestellt, daß dieses Vokabular an die Nazizeit erinnere. Zieht man in Betracht, daß es sich hier nicht um eine einmalige Fehlleistung aus momentaner Erregung handelt (die bei einem einflußreichen Politiker schon arlamierend genug wäre), sondern um eine vielfach artikulierte, offenbar also ein festes politisches Konzept repräsentierende Ideologie, so muß gefragt werden, wie denn der Staatsbürger hier noch einen Unterschied gegenüber faschistischen und neofaschistischen Gruppen erkennen soll. Deutlicher und brutaler hätte das weder von Goebbels noch von Thadden gesagt werden können.

In der Untersuchung über die autoritäre Persönlichkeit wird dieses Verhalten so präzis beschrieben, als sei es auf Strauß, die CSU und den Neofaschismus direkt bezogen: „Der Feind ist nicht nur ein Verbrecher, sondern auch ein minderwertig veranlagtes Subjekt. Seine Anomalität erfordert, daß er isoliert und in

Wahrsam gehalten werde. In seiner Beschreibung des Feindes entwirft der Agitator ein Bild, das aus Hysterie, Perversität und Zerstörungswut gemischt ist." So verspricht er implizit „seinen Zuhörern die Teilnahme an der Verfolgungsjagd und Racheaktion gegen die Feinde". Aber „trotz aller Gefährlichkeit bleiben Verbrecher und Psychopathen doch menschliche Wesen. Das Gesetz sieht bestimmte Maßnahmen vor, nach denen mit ihnen verfahren wird. Um aber auch das letzte Bindeglied zwischen dem Feind und der menschlichen Gemeinschaft zu lösen, verwandelt der Agitator ihn in ein niederes Tier . . . Die Tiraden des Agitators gegen das Ungeziefer geben ihm Gelegenheit, die Befriedigung seiner sadistischen Triebe zu rationalisieren. Die Geste, mit der er das Ungeziefer ausrottet, und die Mischung von Angewidertsein und Lustgewinn, die er aus diesem Akt ableitet, stehen stellvertretend und vorbereitend zugleich für die Ausrottung handgreiflicher Feinde."[107]

IV

Große Bedeutung kommt der Frage zu, ob auch Gemeinsamkeiten zwischen dem Neofaschismus und den Kräften um Franz Josef Strauß in der Haltung gegenüber den rassistischen und halbfaschistischen Herrschaftssystemen der Gegenwart bestehen. Spanien, Portugal und Südafrika zeichnen sich dadurch aus, daß sie weder eine auf gleichen Rechten aller Bürger beruhende demokratische Willensbildung noch die grundlegenden Menschenrechte und Rechtsstaatsgarantien kennen; ferner dadurch, daß sie die freie Organisation der Arbeiter und Angestellten verbieten und ihre Herrschaft mit den Mitteln eines terroristischen Polizei- und Militärapparats gegen die Mehrheit der Bevölkerung aufrechterhalten; und schließlich dadurch, daß sie die sozialen Vorrechte der Besitzenden garantieren – auf Kosten der Lebensbedingungen der arbeitenden Bevölkerung. Während die Oberklassen über enorme Reichtümer verfügen, leben die unteren Klassen nicht nur entrechtet und unterdrückt, sondern auch in materiell elenden Verhältnissen: das zeigt sich in der Säuglings- und Kindersterblichkeit, in der Zahl der Analphabeten, im

Wohnungselend und in der Gesundheitsversorgung. In all diesen Bereichen liegen diese Länder am Ende der Skala der zivilisierten Nationen. In Südafrika kommt noch ein extremer Rassismus hinzu, der die schwarze Mehrheit als nahezu rechtlose Menschen minderer Qualität, als billige Arbeitssklaven betrachtet und behandelt.

Wer die Unterdrückung in diesen Systemen leugnet oder beschönigt, wer diese Staaten als Freunde und Bundesgenossen oder gar als Vorbilder betrachtet, kann kaum noch den Anspruch erheben, auf dem Boden des Grundgesetzes zu stehen. Er demonstriert vielmehr in aller Offenheit, daß seine politische Vorstellungswelt von faschistischen Elementen beeinflußt, wenn nicht gar beherrscht ist. Eben dieser Tatbestand aber liegt bei der Rechten der Bundesrepublik ohne Zweifel vor. Der NPD beispielsweise gilt die spanische Diktatur als das große Vorbild: ,,Moralische, geistige und materielle Werte sind in den letzten dreißig Friedensjahren in Spanien neu geschaffen oder wiederhergestellt worden. Die Grundbegriffe des europäischen Daseins und Lebens: Familie, Moral, Ehre, Vaterland und Heldentum, gelten dort noch und werden nicht systematisch lächerlich gemacht von geistig und charakterlich Halbstarken.'' Die Unterdrückung der arbeitenden Bevölkerung und ihrer Organisationen erscheint der NPD besonders lobenswert: ,,Deshalb, weil dieses erneuerte Spanien weder eine ,republikanische' noch eine marxistische Gewerkschaftsdemokratie werden will, sind die halben und ganzen sowie die getarnten Marxisten im Westen wütend auf Madrid und Franco.''[108] Strauß formuliert seine Sympathien etwas zurückhaltender, aber durchaus eindeutig: ,,Seit langem vereint unsere beiden Völker nicht nur das materielle Interesse am wirtschaftlichen und kommerziellen Austausch zum Nutzen beider, sondern auch eine oft erprobte Freundschaft, die sich viele Male zeigte; fast möchten wir von einer geistigen Verwandtschaft im Laufe der Jahrhunderte sprechen . . . Die Bundesrepublik Deutschland darf als ein Bollwerk gegen das aus dem Osten herandrängende Gedankengut angesehen werden . . . Spanien ist ein Bollwerk im Becken des Mittelmeers.''[109]

Hier ist ein zentrales Motiv des Problems angesprochen, das in diesem Gutachten zur Diskussion steht: Der sich selbst als konservativ verstehende Strauß begreift die halbfaschistische Militärdiktatur in Spanien als einen Partner, mit dem ein Bündnis zu schließen er bereit ist. Dabei bildet der Antikommunismus die gemeinsame Grundlage. Eben diese Einstellung führte in der Weimarer Republik zum Bündnis der „gemäßigten" Rechten mit dem Faschismus, und eben dieses Motiv wird heute – wie das Zitat aus den „Deutschen Nachrichten" zeigt – von der NPD wieder in den Mittelpunkt ihrer Agitation gerückt. Die Wendung von der „erprobten Freundschaft", die sich „viele Male zeigte", muß im Kontext dieser antikommunistischen Agitation als ein dezenter Hinweis von Strauß auf die Hilfe des deutschen Faschismus bei der Vernichtung der spanischen Republik einerseits und die Entsendung der Blauen Division Francos bei der Aggression des deutschen Faschismus gegen die UdSSR andererseits verstanden werden.

Auch für Portugal gibt es in der CSU und im „Bayernkurier" beträchtliche Sympathien. Besonder hervorgetreten ist dabei CSU-MdB Jaeger, dem nicht nur die innere Ordnung Portugals zusagt, sondern auch dessen Kolonialpolitik. Während die Greueltaten der portugiesischen Truppen in Angola und Mozambique seit Jahren durch die Weltpresse gehen und kürzlich auch die Synode der katholischen Bischöfe in Rom beschäftigten, erklärt Jaeger diese Truppen zu „Soldaten Europas"[110]. Winfried Martini, der das Profil des „Bayernkurier" maßgeblich mitbestimmt, verherrlichte den portugiesischen Diktator Salazar[111], und der langjährige persönliche Referent von Strauß, Marcel Hepp, schrieb über die halbfaschistische Militärdiktatur in Griechenland: Diese Regierung selbst habe „darüber zu entscheiden, ob sie das Volk für politisch reif genug hält, in die Demokratie entlassen zu werden"[112]. Zusammenfassend erklärte der „Bayernkurier": „Da mokieren sich die SPD-Genossen über Länder wie Spanien, Griechenland und Portugal . . . Ja, ist denn unsere Regierung besser als jene? Im Gegenteil . . ."[113]

Ein neues Element enthalten die Stellungnahmen der Rechten gegenüber Südafrika, weil hier das Problem des Rassismus eine zentrale Rolle spielt. Der Rassismus fungiert in diesem System als ideologische Rechtfertigung für die terroristische Unterdrückung der schwarzen Mehrheit und die rigorose Verfolgung jener

Gruppen der weißen Bevölkerung, die für demokratische und rechtsstaatliche Prinzipien kämpfen. Hier ist nun zwischen dem Neofaschismus und den Kräften um Strauß insoweit eine Differenz feststellbar, als die NPD die rassistische Ideologie von der „Erbverschiedenheit der Rassen"[114] offen übernimmt, während Strauß Rassismus, Terror und Unterdrückung einfach ableugnet: „Südafrika ist kein Polizeistaat, aber das Land wird unter scharfer Kontrolle gehalten."[115] „Es ist auch unsinnig, von Ausbeutung und Unterdrückung, ja von rassischer Verfolgung der Schwarzen zu sprechen."[116] Angesichts des umfangreichen Faktenmaterials, das von Wissenschaftlern und von Gremien der Vereinten Nationen über Südafrika vorgelegt wurde[117], ist diese Darstellung leicht als falsch und irreführend zu erkennen. Die tatsächliche Lage der schwarzen Bevölkerung und der wirkliche Charakter des Herrschaftssystems sind etwa daran zu erkennen, daß fast die Hälfte aller schwarzen Kinder stirbt, bevor sie zehn Jahre alt sind, und daß durchschnittlich jeden vierten Tag ein Mensch hingerichtet wird.[118] Eine UNO-Analyse kam zu dem Ergebnis: „Südafrika ist für Farbige ein Arbeitslager . . . Die Frage drängt sich auf, ob dieses System tatsächlich weniger unterdrückerisch ist als offene Sklaverei."[119]

Bemerkenswert ist aber nicht nur, daß Strauß hier die deutsche Öffentlichkeit irrezuführen versucht, sondern daß selbst noch in seiner beschönigenden Darstellung faschistoide Elemente leicht zu erkennen sind:

1) Strauß sagt: „Sicherlich gibt es Unruhestifter, man kann aber nicht von einer Atmosphäre der Spannung oder Unruhe sprechen."[120] Wer sich also mit Terror und Unterdrückung nicht einverstanden erklärt, sondern dagegen angeht, ist für Strauß ein „Unruhestifter". Das ist die Sichtweise eines polizeistaatlichen Systems.

2) So ist es nur konsequent, wenn Strauß dem südafrikanischen System bescheinigt, daß es „Ruhe und Ordnung" garantiert.[121] Da die Begriffe „Ruhe und Ordnung" im Weltbild von Strauß als oberste Güter fungieren – davon war schon die Rede –, wird hier blitzlichtartig erkennbar, wie die von Strauß so oft beschworene und so dringend herbeigewünschte „Ruhe und Ordnung" gestaltet würde: nach dem Vorbild von Südafrika.

3) Strauß behauptet: „Die Schwarzen haben . . . eine für ihre Verhältnisse anständige Bezahlung."[122] Er geht also nicht von der für einen Demokraten selbstverständlichen Vorstellung aus, daß rassische Unterschiede bei der Bezahlung keine Rolle spielen dürfen, wie es auch Art. 3 des Grundgesetzes verlangt. Die enorme Ungleichheit zwischen Schwarzen und Weißen in der Bezahlung und in den Lebensbedingungen ist für ihn in Ordnung, weil die Neger, bedenkt man, daß es sich um Neger handelt, genug verdienen. Der Kerngedanke der rassistischen Ideologie, daß die Angehörigen verschiedener Rassen mit unterschiedlichen Gaben ausgestattet seien und also eine unterschiedliche Behandlung verdienen, wird von Strauß also akzeptiert.

Auch im „Bayernkurier" finden sich bemerkenswerte rassistische Tendenzen. In einer Polemik gegen Zwischenrufer hieß es: „Westdeutsche Kryptokommunisten – übrigens sah man auch Mulatten und Neger unter ihnen . . ."[123] Und in einem Bericht über den Kampf amerikanischer Rassisten gegen Gemeinschaftsschulen: „Die Eltern befürchten, ihre Kinder würden im Wissen zurückbleiben, weil sie sich in den gemischten Schulen dem durchschnittlichen Bildungsniveau und Intelligenzgrad der Negerschüler anpassen müssen."[124] Da jeder kritische Kommentar fehlt, muß angenommen werden, daß der „Bayernkurier" Neger für geistig minderwertig hält. Ein bekannter deutscher Theaterregisseur wird unumwunden als „rassisch belastet" gebrandmarkt.[125] In den meisten Fällen wird der Rassismus also nicht, wie beim Nationalsozialismus üblich, offen proklamiert, sondern latent suggeriert oder stillschweigend vorausgesetzt. Jedoch muß bedacht werden, daß auch die neofaschistischen Kräfte wie die NPD die rassistische Ideologie abgeschwächt und verbrämt haben[126], da der offene Rassismus seit 1945 als diskreditiert gilt.

Die Hochschätzung halbfaschistischer und rassistischer Herrschaftssysteme findet eine gewisse Entsprechung in der Beurteilung des nationalsozialistischen Systems. Zwar halten sich die von Strauß repräsentierten Kräfte hier noch stärker zurück als die neofaschistischen, doch schimmert das positive Urteil auch bei ihnen immer wieder durch. Wenn der „Bayernkurier" dem „nationalsozialistischen Deutschland eine vorbildliche Familienpolitik" bescheinigt[127] oder die Schlacht von Stalingrad als „legitime Kalkulation", als „Schaffung der Voraussetzungen zur Stabilisierung der Südfront" und sogar als „sinngebendes Opfer" verherrlicht[128], wenn Strauß schließlich „die Behauptung der Alleinschuld oder Hauptschuld Deutschlands an den Weltkriegen entschieden" zurückweist[129] und die Niederwerfung des deutschen Faschismus als „Niederlage für unser Volk" – und nicht etwa als Befreiung des deutschen Volkes von der faschistischen Diktatur – auffaßt, so liegt hier doch eine bemerkenswerte Identifizierung mit dem faschistischen System und seiner Politik vor, die durch floskelhafte Distanzierungen nicht aus der Welt geschafft werden kann. Für die Beurteilung von Kriegsverbrechern entwickelt der „Bayernkurier" Prinzipien, die Kriegsverbrecher praktisch unantastbar machen: Die Ermordung der männlichen Einwohner eines italienischen Dorfes zum Zwecke der „Abschreckung" rechtfertigt der „Bayernkurier" mit dem Argument: „Die Abschreckung durch die Tötung auch unschuldiger Personen . . . folgt dem Trieb der Selbsterhaltung." Und überhaupt sei es ein „Gesetz der Objektivität, daß niemand jemanden wegen eines Verhaltens in einer Situation tadeln darf, in der er sich nicht selbst befunden hat"[130]. KZ-Wachmannschaften dürften demnach nur von KZ-Wachmannschaften, Euthanasieärzte nur von Euthanasieärzten beurteilt werden. Die Absurdität dieser These, die jede Rechtsprechung unmöglich machen würde, ist offensichtlich. Ebenso offensichtlich ist freilich ihr politischer Zweck.

Daß die mit dem Grundgesetz etablierte Verfassungsordnung den politischen Vorstellungen derer nicht entspricht, die mit autoritären und halbfaschistischen Systemen sympathisieren, darf wohl angenommen werden. Für diese Annahme gibt es aber auch direkte Belege. Zwar hält sich der Führer der „Sammelbewegung" selbst hier besonders zurück, aber seine Mitarbeiter sind weniger zimperlich. Marcel Hepp, lange Jahre persönlicher Referent von Franz Josef Strauß, erklärte ohne Umschweife: „Das Grundgesetz ist das zweite Versailles", denn es hindere die Bundesrepublik an der erforderlichen staatlichen Machtentfaltung, an der wirklichen „Souveränität". Durch die Garantie der Freiheit der Wissenschaft in Art. 5 sei der deutsche Staat entmachtet worden; insbesondere die Sozialwissenschaften seien „Umerziehungswissenschaften" im Dienste der Siegermächte.[131] Winfried Martini hält das Grundgesetz ebenfalls für ein „Entmächtigungsgesetz", dem er die staatliche Struktur von Spanien und Portugal entgegenstellt.[132] An Emil Franzel, wie Martini Mitarbeiter des „Bayernkurier", lobt er, daß dieser es verstanden habe, „den großen Popanz (Demokratie) zu demaskieren und nachzuweisen, daß Demokratie und Rechtsstaat, Demokratie und Freiheit . . . eher ausgesprochene Gegensatzpaare sind"[133]. Franz Josef Strauß selbst hat nicht nur jede Distanzierung unterlassen, sondern diesen Kräften die Chance eröffnet, im Namen und mit Hilfe der Finanzmittel der CSU im „Bayernkurier" ständig ihre Ansichten zu verbreiten. Stellt man das Weltbild von Strauß, wie es bereits dargestellt wurde, in Rechnung, so ist das allerdings durchaus konsequent. Erst von hier aus sind die von Strauß immer wieder eingestreuten Bekenntnisse zur freiheitlichen Demokratie in ihrem politischen Stellenwert zu erkennen.

V

Die bisherige Untersuchung hat ergeben, daß zwischen den von Strauß repräsentierten Kräften einerseits und dem Nationalsozialismus und dem Neofaschismus andererseits in wesentlichen Fragen Gemeinsamkeiten bestehen. Neben den schon ausführlicher dargestellten Übereinstimmungen in zentralen Bereichen wäre auch noch auf die Übereinstimmung in Fragen der Sexualmoral, der Rolle der Frau und der Familie[134], des § 218 StGB, in der Verklärung agrarisch-handwerklicher Lebensformen, in der Betonung der tragenden Rolle des „Mittelstandes" und in einer Reihe anderer Fragen hinzuweisen, die hier aber – schon aus Raumgründen – nicht näher dargestellt werden sollen. Bei alledem handelt es sich um Merkmale, die für die politische Rechte allgemein charakteristisch sind, wobei sich die „extreme" Rechte von der „gemäßigten" nur graduell unterscheidet.

Das bisher erarbeitete Ergebnis einer weitgehenden Übereinstimmung mit Faschismus und Neofaschismus bedarf jedoch gewisser Korrekturen durch Klarstellung der Unterschiede zwischen den beiden Kräftegruppen. Zunächst einmal sind – wie schon mehrfach erwähnt – quantitative Unterschiede zu erkennen, und zwar in doppelter Hinsicht: Erstens nehmen die spezifisch faschistischen Motive – gemessen an der Gesamtheit der politischen Äußerungen – bei den von Strauß repräsentierten Kräften nicht den gleichen Raum ein wie einst bei der NSDAP und heute bei der NPD oder in der „National-Zeitung". Und zweitens sind sie im Durchschnitt etwas gemäßigter und milder formuliert. Allerdings muß zugleich betont werden, daß sich seit der Bildung der Regierung Brandt/Scheel 1969 und insbesondere seit dem Abschluß der Verträge von Moskau und Warschau der Anteil faschistischer Elemente deutlich erhöht und die Tonart wesentlich verschärft hat.

Aber auch Unterschiede im politischen und ideologischen Konzept selbst sind feststellbar. Für den Nationalsozialismus (wie für alle faschistischen Bewegungen) ist – neben der scharfen Frontstellung gegen den „Marxismus" – auch eine gewisse Polemik gegen das Großkapital charakteristisch. In dieser oft als sozialistisch mißverstandenen antimonopolistischen Tendenz drückt sich die Mentalität der kleinen Selbständigen in Handel, Handwerk und Landwirtschaft aus, die sich sowohl vom großen Kapital wie von der organisierten Arbeiterschaft in ihrem sozialen Status bedroht fühlt und nach dem Ausbruch der großen Wirtschaftskrise 1929 die Massenbasis der faschistischen Bewegung bildeten. Dieses antimonopolistische Element hat zwar die tatsächliche Politik der faschistischen Bewegung und des faschistischen Systems nicht beeinflußt – diese war ausschließlich gegen die Linke gerichtet –, in der Agitation vor 1933 aber eine beachtliche Rolle gespielt und die Gewinnung der Massen erst ermöglicht.

Die neofaschistischen Gruppen haben diese gegen das Großkapital gerichtete Tendenz übernommen, wenn auch in sehr abgeschwächter Form.[134] Bei Strauß und der CSU aber gibt es sie nicht einmal in Ansätzen. Strauß hat nie ein Hehl daraus gemacht, daß nach seiner Ansicht die kapitalistische Wirtschaft, so wie sie ist, erhalten bleiben, allenfalls effektiver gestaltet, d. h. noch stärker monopolisiert werden muß. Zwar wird dem „Mittelstand" und den Bauern besonders in der Periode vor den Wahlen Schutz und Förderung versprochen, doch diese Propaganda enthält keine Spitze gegen das Großkapital, sondern wird – wenn überhaupt – in Zusammenhang mit der antigewerkschaftlichen Polemik gebracht. In dieser Frage vertreten Strauß und die CSU also die typische Position der „gemäßigten" Rechtspartei, wie sie in der Weimarer Zeit von der DVP und der DNVP vertreten wurde.

Ein weiterer Unterschied besteht darin, daß Strauß und die CSU sich sehr prononciert als christlich ausgehen, die Bedeutung der Religion betonen und auf ein gutes Verhältnis zur katholischen Kirche Wert legen. Allerdings muß daran erinnert werden, daß nur der deutsche Faschismus starke antiklerikale Komponenten aufwies, während der Faschismus in katholischen Ländern wie Italien, Spanien und Kroatien ein gutes Verhältnis zur katholischen Kirche hatte und deren Unterstützung genoß.[136] Auch der Neofaschismus in der Bundesrepublik hat die antiklerikale Frontstellung weitgehend abgebaut. Grundsätzlich läßt sich also sagen, daß eine kirchenfreundliche Haltung mit einer faschistischen Position durchaus vereinbart werden kann.

Gegenüber dem Faschismus der 20er und 30er Jahre unterscheiden sich Strauß und die CSU auch noch deutlich dadurch, daß sie keine uniformierten und bewaffneten Parteiverbände haben, die als Terrorbanden gegen politische Gegner eingesetzt werden. Auch in dieser Hinsicht sind sie eher mit rechtsbürgerlichen Parteien wie den Deutschnationalen zu vergleichen. Allerdings wurden solche Parteimilizen auch vom Neofaschismus, der sich damit den veränderten politischen und juristischen Bedingungen anpaßte, nur in einigen Ansätzen formiert.

In diesem Zusammenhang ist auf eine Differenz einzugehen, der das größte Gewicht zukommen dürfte: Die CSU ist viele Jahre lang Regierungspartei, Strauß ist viele Jahre Minister in Bonn gewesen, und die CSU ist in Bayern die allein regierende Partei. Strauß als Minister und die CSU als Regierungspartei haben dabei eine Politik getrieben, die sicher autoritäre Ideologien und Strukturen (z. B. in Wirtschaft, an den Universitäten, im Militär) gefördert und demokratische Bestrebungen behindert hat; die auch die Prinzipien des Rechtsstaats in Einzelfällen verletzt und durchbrochen hat (z. B. bei der „Spiegel"-Affäre). Es muß aber betont werden, daß sie eine faschistische Politik, die durch die totale und dauerhafte Beseitigung des Rechtsstaats und der bürgerlichen Freiheiten und die totale und terroristische Unterdrückung jeder Opposition gekennzeichnet ist, ohne Zweifel nicht betrieben haben. Das mag auch an der objektiven Unmöglichkeit gelegen haben, angesichts entgegenstehender Kräfte in der CDU und der CSU selbst, angesichts des politischen Kräfteverhältnisses in der BRD insgesamt und angesichts der durch alliierte Truppen und durch die kritische Aufmerksamkeit der Weltöffentlichkeit garantierten partiellen internationalen Kontrolle faschistische Politik zu betreiben, bleibt aber als Faktum gleichwohl festzuhalten. Die rechtsstaatlichen Garantien, die Freiheit der Meinungsäußerung, die Freiheit organisierter Opposition blieben in einem hohen Maße erhalten. Auch hier hat die CSU die Politik einer rechtsbürgerlichen Partei betrieben, die die Opposition zwar diffamiert und behindert, radikale Teile davon auch in die Illegalität drängt, autoritäre Tendenzen in einem gewissen Maße fördert, den Rechtsstaat aber allenfalls punktuell verletzt, nicht aber total beseitigt.

VI

Das bisherige Verhältnis zwischen „gemäßigter" und „extremer" Rechten in der BRD ist gekennzeichnet durch eine weitgehende Übereinstimmung in wesentlichen politischen Fragen. Ideologisch gesehen kann dabei, wie schon dargestellt, durchaus von einer gemeinsamen Frontstellung gesprochen werden. Es gibt eine Reihe von Äußerungen, die belegen, daß man sich dieser Gemeinsamkeit auf beiden Seiten auch durchaus bewußt ist. Der ehemalige NS-Journalist Hahn-Burty, der mittlerweile als NPD-Publizist tätig ist und mit einer Propagandabroschüre über Adolf v. Thadden hervortrat, sieht auch in Strauß eine „überragende Führerpersönlichkeit"[137]. Die „Deutsche National-Zeitung" bescheinigte der CSU „hohe Verdienste auf dem Agrarsektor, in der Wehrpolitik und im Kampf gegen den Atomsperrvertrag"[138]. Die gleiche Zeitung brachte nach den

Bundestagswahlen 1969 die Schlagzeile: ,,Thadden – der große Versager. Scheel – Totengräber der FDP. Strauß – Mann der Zukunft." Im Text hieß es dann: ,,Die Vorstellungen von ,Recht und Ordnung', die sich auf die Person des NPD-Parteivorsitzenden nach dessen Hoffnung richten sollten, haben sich in Wahrheit auf Franz Josef Strauß konzentriert." Und, angesichts der NPD-Niederlage: ,,Gebe Gott, daß unser Land trotzdem eine bürgerliche Regierung erhält, ein Kabinett, das deutsche Interessen wahrt, das den Rechtsstaat schützt und die Freiheit der Deutschen im Innern und nach außen verteidigt."[139] Der NPD-Kreisvorsitzende von München erklärte nach den Bundestagswahlen 1969: ,,Eine Allein-Regierung der CDU/CSU wäre mir am liebsten."[140] Und in einem Bericht des NPD-Organs ,,Deutsche Nachrichten" über eine Podiumsdiskussion heißt es: ,,Zum Schluß stellte Stoppel von der CSU noch einmal die Lebensforderungen des deutschen Volkes auf, die aus nationaldemokratischem Munde nicht prägnanter hätten formuliert werden können."[141] Das gleiche Organ publizierte eine umfangreiche Aufstellung inhaltlich identischer Aussagen der NPD und der CDU/CSU über die Frage der deutschen Einheit und Selbstbestimmung.[142] Umgekehrt gestand CSU-MdB Josef Stecker: ,,Was die (Nationaldemokraten) an nationalem Anliegen und konservativem Gedankengut haben, das praktizieren wir täglich."[143]

Es gibt Gruppen des Neofaschismus, die sich von vornherein als Bundesgenossen und zugleich Mahner der CSU begreifen: Die ,,Deutsche Volksunion", die Anfang 1971 von Gerhard Frey, dem Herausgeber der ,,National-Zeitung", gegründet wurde, habe sich zur Aufgabe gesetzt, ,,auf Schichten einzuwirken, die die CSU nicht erreicht"; so erläuterte der Verlagsleiter der ,,Deutschen National-Zeitung", Emmerich Giel, der selbst der CSU angehört.[144] Im Gründungsaufruf der ,,Deutschen Volksunion"[145] heißt es deshalb: ,,Droht die Volksunion also indirekt damit, selbst eine Partei zu werden? Diese Absicht besteht nicht, solange die CDU/CSU in den Grundfragen der Deutschlandpolitik die Rechtsansprüche wahrt." So ist es leicht verständlich, daß der ,,Deutschen Volksunion", deren Ziel es ist, ,,den Zweiten Weltkrieg politisch zu gewinnen", innerhalb weniger Wochen rund 100 CSU-Mitglieder beitraten[146] und seit dem Niedergang der NPD eine ganze Reihe von NPD-Abgeordneten sich der CDU/CSU angeschlossen haben.[147] Eine „interne Information" des CSU-Freundeskreises Köln vom 8. Juni 1970 kennzeichnete das Verhältnis zwischen der „gemäßigten" und der „extremen" Rechten zusammenfassend wie folgt: „Wir haben in Ausführung der Marburger NPD-Absprache an alle NPD-Sympathisanten die Parole ausgegeben: wählt CDU/CSU, stärkt die Opposition, verhelft ihr wieder zur Macht. Franz Josef Strauß ist der kommende Mann. Er löst Adolf Hitler nicht ab, er ersetzt ihn auch nicht, er hat aber Führungsqualitäten."

Die Gemeinsamkeit im ideologischen und politischen Kampf gegen Entspannung und Mitbestimmung, gegen demokratische Hochschulreform und Emanzipation der Frau, für Stärkung der Autorität und Sicherung des Privateigentums, für Diffamierung und Unterdrückung der linken Opposition hatte jedoch bisher nur sehr begrenzt zur Gemeinsamkeit der Aktion und der Organisation geführt. Zwar stimmten die Vertreter der NPD in Landtagen, Rundfunkräten und anderen Gremien[148] oft gemeinsam mit der CDU und CSU gegen die SPD; zwar stimmten die Vertreter der NPD bei den Bundespräsidentenwahlen für den Kandidaten der CDU/CSU – wobei auch Gespräche zwischen Thadden, Strauß und Heck stattfanden[149] –, doch ein relativ festes politisches Bündnis nach dem Vorbild des Reichsausschusses für das Volksbegehren gegen den Young-Plan von 1929 oder der Harzburger Front von 1931 hat sich bisher nicht gebildet. Allerdings gibt es Kontaktstellen, in denen CSU-Repräsentanten und Neofaschisten kontinuierlich und offenbar gut zusammenarbeiten, was mindestens als Symptom und Modellfall von Bedeutung ist.

Hinzuweisen ist hier vor allem auf den „Witiko-Bund", dem Vertreter von CDU, CSU, NLA, NPD und aus den Vertriebenenverbänden angehören. 1965 z. B. kandidierten für den Bundestag zwölf Mitglieder des „Witiko-Bundes", davon drei für die CDU/CSU, vier für die FDP (die sich inzwischen in der NLA vereinigt haben) und vier für die NPD[150]. Prominente Namen sind in diesem Bund vertreten: Prof. Ernst Anrich, der führende Ideologe der NPD, Dr. Walter Becher, CSU-MdB und Sprecher der Sudetendeutschen Landsmannschaft, Siegfried Zoglmann, führendes Gründungsmitglied der NLA usw. Besonders auffällig ist der hohe Anteil ehemaliger Funktionsträger faschistischer Organisationen. Beispielsweise war Zoglmann Gebietsführer der HJ im Sudetenland und Kompanieführer der Waffen-SS, Dr. Walter Becher (CSU-MdB) Schriftleiter bei der NSDAP-Zeitung „Die Zeit" im Sudetenland, Prof. Herbert Böhme SA-Sturmbannführer, Dr. Viktor Aschenbrenner NS-Gauvolksbildungswart, Dr. Walter Brand (CSU) Stellvertreter Henleins und dann Generalreferent für den Göringschen Vierjahresplan im Sudetenland usw.[151]

Der „Witiko-Bund" vertritt entschieden nationalistische und aggressiv-revanchistische Forderungen. So stellte Dr. Becher (CSU) in aller Klarheit fest: eher werde Polen ein viertes Mal geteilt, als daß Breslau ewig Wroclaw heiße; und eher werde die Tschechoslowakei ein zweites Mal zerschlagen, als daß Karlsbad Karlovy Vary bleibe.[152] Und Rudolf Übelacker kündigte an: „Eine junge Generation aus dem deutschen Volk wird bei Vorrang der Vertriebenennachkommen alle jetzt fremd besetzten deutschen Gebiete wieder in Besitz nehmen, auch das Sudetenland."[153] Nach der faschistischen Besetzung der Tschechoslowakei befragt, antwortete Rudolf Staffen (ehemals Gauamtsleiter der NSDAP): „Das tschechische Volk hat unter deutscher Herrschaft einen wirtschaftlichen Aufstieg erlebt wie nie zuvor. Von einer Unterdrückung des tschechischen Volkstums in dieser Zeit kann keine Rede sein."[154] Danach wäre also eine neue deutsche Besetzung der Tschechoslowakei zum Wohle der Tschechen selbst.

Als etwas anders gelagertes Beispiel sei auf die „Aktion Widerstand" hingewiesen, die einen Zusammenschluß aller neofaschistischen Gruppen mit dem Ziel des Kampfes gegen die Ostpolitik der Regierung Brandt/Scheel darstellt.[155] Bei ihrer Gründungskundgebung am 31. Oktober 1970 wurden Mordparolen wie „Willy Brandt an die Wand" (und bei einer Kundgebung in Hamburg „Macht aus jedem Roten einen Toten") verkündet und damit die aus der Weimarer Zeit bekannte Atmosphäre vorbereitet, die damals zur Ermordung von Eisner,

Rathenau, Erzberger und anderen Politikern und vor einigen Monaten zu einem Attentatsversuch auf den Bundespräsidenten Heinemann führte. An dieser „Aktion Widerstand" ist zwar die Partei des Franz Josef Strauß weder als Organisation noch mit prominenten Einzelpersönlichkeiten beteiligt. Es ist jedoch symptomatisch genug, daß der CSU-Freundeskreis bei der Vorbereitung beteiligt war, daß Strauß, der als Gast nach Würzburg geladen war, von seiner Sekretärin „mit Bedauern" entschuldigt wurde und daß Prof. v. d. Heydte, bis vor kurzem CSU-MdL und Fraktionssprecher in Fragen der Hochschulpolitik, der Gründungsversammlung der „Aktion Widerstand" ein Grußtelegramm sandte, in welchem er bedauerte, dort nicht selbst sprechen zu können. Auf die Frage, was angesichts der Mordparolen solcher rechtsextremer Gruppen – wie z. B. „Hängt die Verräter" – zu tun sei, wies der CSU-Abgeordnete Messmer auf das Grundrecht der freien Meinungsäußerung hin.[156] Daran ist erstens symptomatisch, daß man dieses Grundrecht zwar der extremen Rechten, aber – wie dargestellt – keineswegs der Linken zubilligt; und zweitens, daß man mit der Duldung dieser rechtsextremen Mordparolen durch die etablierte, über die Staatsorgane verfügende „gemäßigte" Rechte den gleichen Kurs einschlägt, der den Faschismus in der Weimarer Zeit (und vor 1922 in Italien) zu seiner Politik des offenen Terrors ermutigt hat.

Es bestehen also über die Gemeinsamkeiten in wesentlichen politischen Fragen hinausreichende feste organisatorische Kontakte zwischen den von Strauß geführten Kräften und den Neofaschisten und offen geäußerte Sympathieerklärungen von CSU-Repräsentanten selbst für solche Organisationen und Aktionen, die rein neofaschistischen Charakter haben. Es gibt also Ansätze zur Bildung eines „nationalen Blocks" auf der Rechten, dessen Vorgänger 1933 zur Koalitionsregierung Hitler/Hugenberg führte. Eine der Parolen, mit denen das damals ins Werk gesetzt wurde, war die von der „nationalen Sammlung". Eben diese Parole wurde von Strauß wieder aufgegriffen: Auf dem Nürnberger Parteitag definierte Strauß die CSU am 5. Juli 1970 als „Sammlungsbewegung zur Rettung des Vaterlands". Bei dieser Sammlung der gesamten Rechten kommt es ihm offenbar nicht nur darauf an, für die Anhänger des Neofaschismus so attraktiv zu sein, daß sie sich der CSU anschließen[157], sondern auch mit den Organisationen des Neofaschismus ein so gutes Verhältnis herzustellen, daß der gemeinsame Kampf gegen Verständigungspolitik und Mitbestimmung möglichst wirksam geführt werden kann.

Resultat

Aus diesen Untersuchungen, die sich notwendigerweise auf veröffentlichtes, jedermann zugängliches Material stützen, ergibt sich das folgende Resultat:

1) Weder die Ideologie noch das tatsächliche politische Verhalten von Strauß und der von ihm repräsentierten Kräfte können als Ganzes oder in ihren wesentlichen Teilen als faschistisch bezeichnet werden. Im Vergleich zum Faschismus der 20er und 30er Jahre sind qualitative Unterschiede nicht zu übersehen. Gegenüber den neofaschistischen Gruppen in der Bundesrepublik sind diese Unterschiede geringer, aber gleichwohl noch deutlich zu erkennen.

2) Sowohl die Ideologie wie das tatsächliche politische Verhalten – zwei Bereiche, die bei einer einflußreichen Persönlichkeit oder Partei ohnehin aufs engste verbunden sind – weisen jedoch Merkmale auf, die als spezifisch faschistisch charakterisiert werden müssen. Das gilt vor allem für die Agitation gegenüber Minderheiten, die aus dem Bereich des Humanen ausgesondert werden.

3) Darüber hinaus weisen Ideologie und politisches Verhalten wesentliche Merkmale auf, die der ,,extremen" und der ,,gemäßigten" Rechten gemeinsam sind und die anknüpfen an den gemeinsamen Kampf der gesamten Rechten in der Weimarer Zeit. Sie kommen vor allem in der Agitation gegen die Ostpolitik der Regierung Brandt/Scheel zum Ausdruck, doch muß beachtet werden, daß hier gemeinsame politische Grundüberzeugungen über Staat, Gesellschaft und internationale Beziehungen zugrundeliegen. Die Betonung der Autorität in allen Lebensbereichen vom Staat über das Militär bis zur Familie, die Ablehnung von effektiver Mitbestimmung und Demokratisierung und die

Starrheit des Feindbildes, aus denen die Diffamierung der linken Opposition im Innern als zersetzend und der Kampf gegen die Politik einer internationalen Verständigung folgen, sind hier besonders hervorzuheben.

4) Diese politische Verwandtschaft ist beiden Teilen partiell bewußt und von ihnen mehrfach artikuliert worden. Feste organisatorische Kontakte liegen bisher – soweit überprüfbar – nur in einigen Ansätzen vor, doch kann nicht ausgeschlossen werden, daß sie – wie in der Schlußphase der Weimarer Republik – intensiviert werden, wenn dies von den Beteiligten für opportun gehalten wird. Die ideologischen und politischen Voraussetzungen für ein Bündnis sind jedenfalls in gleichem Maße gegeben wie damals bei den Deutschnationalen und den Nationalsozialisten.

5) Unabhängig von gemeinsamen Frontstellungen in konkreten Fragen und Ansätzen zu festen organisatorischen Kontakten ist festzustellen, daß Ideologie und politisches Verhalten der von Strauß repräsentierten Kräfte geeignet sind, autoritäre Denk- und Verhaltensformen zu begünstigen und damit den Boden zu bereiten, auf dem Faschismus – unter veränderten sozialen Bedingungen, z. B. im Falle einer wirtschaftlichen Rezession – gedeihen kann. Der Münchener Politologe Prof. Kurt Sontheimer stellt als Resultat seiner Untersuchung über den neuen Nationalismus, die sich auch auf Strauß bezieht, fest: ,,Will man, wie sich das in der konservativen Bewegung des neuen Nationalismus abzeichnet, über die Demokratie als Verfassungsform ein irrationales Gebilde eigener Art – sei es die Nation oder das Vaterland – stülpen, so macht man erstens den vorhandenen Feinden der Demokratie Mut, ihr Werk entschiedener zu betreiben, und schafft zweitens die möglichen Voraussetzungen für eine gesellschaftliche Lage, in der man die Nation als übergreifende Idee erneut gegen die demokratische Ordnung ausspielen kann."[158] Seit 1966, dem Zeitpunkt dieser Untersuchung, hat sich diese Tendenz bei Strauß bedeutend verschärft. Nicht alle extremen Forderungen werden von Strauß selbst formuliert. Wenn er es aber vermeidet, sich von Forderungen seines Parteiorgans, seines persönlichen Referenten oder anderer hoher CSU-Funktionsträger zu distanzieren, muß angenommen werden, daß sie ihm willkommen sind oder mindestens seinem Konzept nicht

widersprechen. Was den Freiherrn zu Guttenberg betrifft, so kann er – trotz einiger überwiegend persönlich bedingter Unstimmigkeiten – in den wesentlichen politischen Fragen als Repräsentant des rechten Flügels der CSU gelten, der den gleichen Kurs vertritt wie Strauß.[159]

6) Daraus folgt: Wer – wie Strauß und die um ihn gruppierten Kräfte – seine Hochschätzung für faschistische und halbfaschistische Herrschaftssysteme bekundet, Minderheiten mit faschistischem Vokabular aus dem Bereich des Humanen aussondert, die Verstärkung der Militärmacht und zugleich die Veränderung der Grenzen verlangt und eine Reihe anderer Motive aufnimmt, die für die antidemokratische Rechte der Weimarer Republik kennzeichnend waren, und überdies typische Merkmale der autoritären Persönlichkeit aufweist, weckt notgedrungen den Verdacht, er wolle mit Hilfe einer neuen „Sammlungsbewegung zur Rettung des Vaterlandes" die Rechtsschwenkung der deutschen Politik aus den Jahren 1930 bis 1933 wiederholen. Staatsbürger, die sich einer solchen Politik entschieden widersetzen und ihre Gefahren sichtbar machen, nehmen ihre elementaren demokratischen Rechte wahr. Nach den Unmenschlichkeiten des Faschismus ist es geradezu die Pflicht jedes Bürgers, allen Anfängen zu wehren, die in diese Richtung deuten. Daß Strauß solchem Verdacht selbst ständig Nahrung geliefert hat und weiterhin liefert, wurde hier nachgewiesen. Es wurde aber zugleich nachgewiesen, daß dieser Verdacht nicht nur von dem – hier angeklagten – Staatsbürger her subjektiv verständlich, sondern daß er auch durch Ideologie und politisches Verhalten von Strauß und den ihm nahestehenden Kräften objektiv begründet ist. Sofern der Angeklagte durch das Hakenkreuz und den Hinweis auf den Faschismus ausdrücken wollte, daß Ideologie und politisches Verhalten dieser Kräfte in Richtung auf Faschismus deuten und den Faschismus begünstigen, hat er also nicht nur subjektiv verständlich, sondern auch objektiv begründet gehandelt. Hätte im Jahre 1929 ein Staatsbürger vor der Politik Hugenbergs und der Deutschnationalen gewarnt mit der Begründung, diese Politik fördere den Faschismus, so hätte er nicht Strafverfolgung, sondern den Dank aller Demokraten verdient. Ein prinzipiell gleichgelagerter Fall ist hier zu beurteilen.

1 Die ausführliche Begründung habe ich geliefert in „Lexikon zur Geschichte und Politik im 20. Jahrhundert", 2 Bde., Köln und Berlin 1971, Stichworte Faschismus und Faschistische Bewegungen; Formen bürgerlicher Herrschaft, Liberalismus und Faschismus, Reinbek bei Hamburg 1971, S. 79 ff.

2 Vgl. R. Kühnl u. a., Die NPD. Struktur, Ideologie und Funktion einer neofaschistischen Partei, Frankfurt 1969.

3 Die prinzipielle Möglichkeit solcher Kontinuität wird auch von solchen Forschern nicht bestritten, die den Faschismus inhaltlich anders verstehen; vgl. z. B. K. D. Bracher, Die deutsche Diktatur, Köln und Berlin 1969, S. 501 ff.; K. Sontheimer, Deutschland zwischen Demokratie und Antidemokratie, München 1971; E. Nolte (Hrsg.), Theorien über den Faschismus, Köln und Berlin 1967, S. 71; W. Schieder, Faschismus, in: Sowjetsystem und demokratische Gesellschaft, Freiburg - Basel - Wien 1968, Bd. II, S. 474.

4 Vgl. K. Sontheimer, Antidemokratisches Denken in der Weimarer Republik, München 1962.

5 Vgl. dazu G. Hallgarten, Hitler, Reichswehr und Industrie, Frankfurt 1962; E. Czichon, Wer verhalf Hitler zur Macht? Köln 1967; E. Calic, Ohne Maske. Hitler-Breiting Geheimgespräche, Frankfurt 1968; R. Kühnl, Formen bürgerlicher Herrschaft, a. a. O.

6 Th. Adorno, B. Bettelheim, E. Frenkel-Brunswik u. a., The Authoritarian Personality, New York 1950; im folgenden wird nach der gekürzten deutschen Fassung zitiert, die 1968 im Verlag de Munter, Amsterdam, unter dem Titel „Der autoritäre Charakter" erschien.

7 Rede am 6. 11. 1933 in Elbing; ähnlich der Parteivorstand der DNVP am 15. 6. 1929.

8 Zit. nach „Spiegel", 32/1969.

9 Hitlerrede vom 27. 4. 1923.

10 Strauß im „Bayernkurier" (BK) am 25. 6. 1964.

11 Auf der CSU-Landesversammlung vom 8./9. 10. 1966, in: „Profil", 1966, H. 6, S. III.

12 „Deutsche Nachrichten" (DN) vom 24. 9. 1971.

13 BK vom 20. 9. 1969.

14 „Deutsche National-Zeitung" (DNZ) vom 17. 9. 1971.

15 DN vom 24. 9. 1971.

16 BK vom 16. 8. 1969.

17 DNZ vom 10. 9. 1971.

18 BK vom 1. 11. 1969.

19 BK vom 11. 10. 1969.

20 BK vom 30. 8. 1969.

21 Strauß am 11. 2. 1970 in Vilshofen.

22 Z. B. CSU-MdB Dr. Walter Becher, zit. nach „Spiegel", 32/1969.

23 Dr. Emil Franzel, Mitarbeiter des VK, zit. nach „Spiegel", 18/68.

24 Zit. nach „Nürnberger Nachrichten" vom 13. 11. 1956; ähnlich zweieinhalb Jahre später: vgl. „Der Kurier", Westberlin, 23. 4. 1959.

25 Vgl. R. Kühnl u. a., Die NPD, S. 159 ff.

26 „L'Information", Paris, 18. 1. 1962.

27 Nach „Spiegel" vom 20. 2. 1967.

28 „Passauer Neue Presse" vom 4. 9. 1952.

29 BK vom 3. 7. 1971.

30 BK vom 24. 7. 1971.

31 CSU-Argumente zur Wahl, Nr. 18, 1969.

32 Strauß im BK vom 25. 6. 1964.

33 Nach „Spiegel" vom 30. 11. 1970.

34 Zit. nach „Westfälische Rundschau" vom 27. 10. 1970.

35 Zit. nach „Süddeutsche Zeitung" vom 24.–27. 12. 1970.

36 Zit. nach „Süddeutsche Zeitung" vom 25. 5. 1970.

37 „Die politische Information", Jahrgang 2, Nr. 14, Juli 1968.

38 Vgl. Art. 1 GG.

39 Vgl. z. B. Strauß in Vilshofen am 12. 2. 1964, nach: „Die Welt" vom 13. 2. 1964.

40 BK vom 22. 6. 1968.

41 „Bild-Zeitung" vom 6. 1. 1967.

42 BK vom 22. 6. 1968.

43 Vgl. „Stuttgarter Zeitung" vom 1. 8. 1969.

44 BK vom 12. 12. 1964.

45 Telegramm von Strauß an den bayerischen Ministerpräsidenten Goppel vom 18. 7. 1969, zit. nach „Spiegel" vom 28. 7. 1969.

46 Der autoritäre Charakter, S. 24 f.

47 Nach BK vom 13. 9. 1969, „Frankfurter Allgemeine Zeitung" vom 2. 9. 1969.

48 BK, zit. nach „Frankfurter Rundschau" vom 29. 1. 1970.

49 „Handelsblatt" vom 4. 9. 1969.

50 BK vom 3. 5. 1969.

51 Nach „Spiegel", 39/1969.

52 Nach „Spiegel", 32/1965.

53 F. J. Strauß, Allianz zwischen zwei Kontinenten, in: Armee gegen den Krieg, hrsg. von W. v. Raven, Stuttgart 1966, S. 22 f.

54 „Der Freiwillige", Wattenscheid, April 1959.

55 „Abendzeitung", München, 17. 11. 1970.

56 A. Hitler, Mein Kampf, München 1944, S. 200 f.

57 Der autoritäre Charakter, S. 75 f.

58 DN vom 29. 11. 1968.

59 Zit. nach „Spiegel", 50/1969.

60 Zit. nach „Spiegel" vom 25. 10. 1971.

61 Interview mit US News and World Report vom 6. 2. 1961.

62 Zit. nach „Die Zeit" vom 1. 1. 1971.

63 D. Senghaas, Abschreckung und Frieden, Frankfurt 1969, S. 72 ff.

64 Dazu Senghaas, a.a.O., S. 149.

65 F. J. Strauß, Entwurf für Europa, Stuttgart 1966, S. 12.

66 Zit. nacn Neumann/Maes, Der geplante Putsch, Hamburg 1971, S. 101.

67 DJO-Studentenschrift „actio", zit. nach „Frankfurter Rundschau" vom 16. 10. 1970.

68 Vgl. „Spiegel" vom 1. 5. 1975 und Westdeutscher Rundfunk am 13. 4. 1957.

69 Vgl. „Spiegel" vom 5. 4. 1971.

70 „Neue Zürcher Zeitung" vom 19. 7. 1958.

71 Belege in Kühnl u. a., Die NPD, S. 99 ff. und 179 ff.

72 „Spiegel" vom 26. 10. 1971.

73 Strauß auf dem CSU-Parteitag in München im April 1970.

74 Zit. nach „Die Zeit" vom 29. 10. 1971.

75 „Frankfurter Rundschau" vom 22. 9. 1969.

76 Zit. nach „Frankfurter Rundschau" vom 1. 12. 1970.

77 Der autoritäre Charakter, S. 33 f.

78 Zit. nach „Die Zeit" vom 19. 9. 1969.

79 „Abendzeitung", München, 19. 11. 1970.

80 Vgl. z. B. Interview von Strauß in „Wirtschaftswoche – Der Volkswirt" vom 22. 11. 1970.

81 Vgl. BK vom 14. 2. 1970.

82 So ist das sehr positive Urteil des Bundesverbandes deutscher Arbeitgeber über die CSU nicht verwunderlich: vgl. Jahresbericht des BDA vom Dezember 1970.

83 Rede in Berlin vom 10. 11. 1933.

84 Hugenberg am 27. 3. 1929.

85 Vgl. Kühnl u. a., Die NPD, S. 144 ff.

86 Die Anzeige erschien am 24./25. 11. 1962.

87 Vgl. „Abendzeitung", München, 19. 11. 1970.

88 Zit. nach „Spiegel", 31/1971.

89 Nach „Süddeutsche Zeitung" vom 29. 2. 1968.

90 Der autoritäre Charakter, S. 20–22.

91 In Auszügen abgedruckt in „Spiegel", 52/1968.

92 BK vom 2. 8. 1969.

93 BK vom 22. 6. 1968.

94 BK vom 19. 7. 1969.

95 „Spiegel", 3/1968.

96 Ebenda.

97 Nach „Frankfurter Rundschau" vom 25. 2. 1971.

98 Wahlrede in Bochum, zit. nach „Rheinische Post" vom 16. 9. 1965.

99 Strauß am 28. 2. 1968 in Vilshofen.

100 Strauß nach „Frankfurter Rundschau" vom 30. 7. 1968 und „Spiegel" vom 29. 7. 1968.

101 BK zit. nach E. Spoo, Der Führer des Rechtskartells, in: H. Jung und E. Spoo, Das Rechtskartell, München 1971, S. 133.

102 Zit. nach Neumann/Maes, Der geplante Putsch, S. 100.

103 Telegramm vom 18. 7. 1969, zit. nach „Spiegel" vom 28. 7. 1969.

104 Zit. nach „Frankfurter Rundschau" vom 2. 5. 1969; dort weitere bemerkenswerte Zitate dieses CSU-Abgeordneten; Winfried Martini schloß sich im

BK der Kritik Unertls an der Formulierung von Strauß an (BK 36/1969).

105 Im ,,Regensburger Tagesanzeiger", zit. nach ,,Frankfurter Rundschau" vom 1. 5. 1968; ebenso in ,,Süddeutsche Zeitung", 109/1968.

106 BK vom 29. 5. 1971.

107 Der autoritäre Charakter, S. 43–45.

108 DN vom 7. 6. 1968.

109 Strauß am 30. 10. 1967 in Madrid, zit. nach ,,Frankfurter Rundschau" vom 28. 11. 1967.

110 Nach ,,Spiegel", 50/1968.

111 ,,Frankfurter Rundschau" vom 28. 5. 1970.

112 Zit. nach ,,Die Zeit" vom 12. 9. 1969.

113 BK vom 8. 8. 1970.

114 Politisches Lexikon, hrsg. von ,,Verlag Deutsche Nachrichten", Stichwort Apartheid.

115 Interview mit ,,Die Welt" vom 11. 5. 1966.

116 BK vom 28. 5. 1966.

117 Vgl. H. Adam, Südafrika. Soziologie einer Rassengesellschaft, Frankfurt 1969; F. Duve (Hrsg.), Kap ohne Hoffnung, oder Die Politik der Apartheid, Reinbek bei Hamburg 1965; vgl. auch das im ,,Spiegel" publizierte Material (18. 10. 1971).

118 Vgl. ,,Spiegel" vom 18. 10. 1971.

119 Zit. nach ebenda.

120 Interview mit ,,Die Welt" vom 11. 5. 1966.

121 Ebenda.

122 Interview mit BK vom 28. 5. 1966.

123 BK vom 13. 9. 1969.

124 BK vom 1. 8. 1970.

125 BK vom 13. 6. 1970.

126 Vgl. Kühnl u. a., Die NPD, S. 170 ff.

127 BK vom 28. 8. 1970.

128 BK vom 4. 7. 1970.

129 Nach ,,Spiegel", 32/1969.

130 BK vom 2. 8. 1969.

131 Zit. nach ,,Ruhr-Reflexe", 1967, H. 4.

132 Zit. nach ,,Frankfurter Rundschau" vom 28. 5. 1970.

133 Zit. nach ebenda.

134 Vgl. z. B. den Artikel in BK vom 17. 7. 1971: ,,Konzentrierter Angriff auf die Familie – Die Hausfrau und Mutter wird diffamiert", in dem im Zusammenhang mit der Berufsarbeit der Frau von ,,ödester Gleichmacherei", ,,Gleichschaltung", ,,staatlichem Zwangskindergarten", ,,Verpflegung aus Großküchen und Fertigdosen" die Rede ist.

135 So polemisiert die DNZ, z. B. gegen die ,,internationalen Großkapitalistischen", deren Instrument angeblich die SPD sein soll (3. 10. 1969); zur Haltung der NPD in dieser Frage vgl. Kühnl u. a., S. 101 ff.

136 Vgl. K. H. Deschner, Mit Gott und den Faschisten, Stuttgart 1965.

137 ,,Europäische Sicht" vom 29. 3. 1970.

138 DNZ vom 19. 12. 1969.

139 DNZ vom 3. 10. 1969.

140 Zit. nach ,,Frankfurter Rundschau'' vom 18. 9. 1969.

141 DN vom 18. 8. 1967.

142 DN vom 19. 1. 1968 und 26. 1. 1968.

143 Zit. nach C. K. Taler, Warum die NPD nicht verboten wird, ,in: ,,Stimme der Gemeinde'', 1968, H. 22; vgl. auch den Artikel von E. Spoo in ,,Frankfurter Rundschau'' vom 31. 3. 1970.

144 Nach E. Spoo, Der Führer des Rechtskartells, a.a.O., S. 137.

145 ,,Deutscher Anzeiger'', 2. Maiausgabe 1971.

146 ,,Frankfurter Rundschau'' vom 5. 4. 1971.

147 Vgl. z. B. ,,Frankfurter Rundschau'' vom 3. 7. 1970, 24. 3. 1970, 27. 1. 1970.

149 ,,Frankfurter Rundschau'' vom 8. 5. 1969.

148 Vgl. z. B. ,,Frankfurter Rundschau'' vom 29. 1. 1970.

150 K. Antes und U. Wickert, Ein Kartell-Modell: Der ,,Witiko-Bund'', in: Jung und Spoo, Das Rechtskartell, a.a.O., S. 119.

151 Ebenda, S. 113 ff.

152 Ebenda, S. 115.

153 Zit. nach ,,Gestern und heute'', 35, S. 56.

154 Interview in der DNZ, zit. nach Antes und Wickert, a.a.O., S. 120.

155 Einzelheiten ebenda, S. 121 ff.

156 ,,Frankfurter Rundschau'' vom 11. 5. 1971.

157 Vgl. z. B. ,,Spiegel'' vom 16. 3. 1970: Der NPD müsse man sich bedienen, ,,auch wenn sie noch so reaktionär sind''.

158 Hessische Landeszentrale für politische Bildung, ,,Zum Nachdenken'' 18, S. 15.

159 Vgl. vor allem sein Buch Wenn der Westen will. Plädoyer für eine mutige Politik, Stuttgart 1964.

GEMEINSAM GEGEN RECHTS – STOPPT STRAUSS JETZT!

Aufruf zu demokratischer Aktion, veröffentlicht von
Prof. Dr. Reinhard Kühnl und Prof. Dr. Norman
Paech auf einer Pressekonferenz am 28. November
1979 in Bonn

(Wortlaut)

Die Nominierung eines F. J. Strauß zum Kanzlerkandidaten
muß als das verstanden und beantwortet werden, was sie in
Wahrheit ist: als eine offene, prinzipielle und umfassende Kampf-
ansage an unterschiedslos alle Kräfte der Demokratie, des Friedens und des sozialen Fortschritts. Mit der noch vor wenigen
Jahren für undenkbar gehaltenen Kanzlerkandidatur des CSU-
Vorsitzenden hat die Rechtsentwicklung in der Bundesrepublik
ein neues, kritisches Stadium erreicht.

Strauß – das ist 1979 die autoritäre Antwort auf die Krise, der
Machtanspruch der rücksichtslosesten Wirtschafts-, Finanz-
und Militärkreise mit allen innen- und außenpolitischen Konsequenzen, ein Programm der radikalen Ausmerzung aller politischen „Entartungserscheinungen" – von der Entspannungspolitik bis zu gewerkschaftlichen Positionen, von Abrüstungsforde-
rungen bis zu Bürgerinitiativen und fortschrittlicher Frauenbewegung. Strauß setzt, wie bereits in seiner Sonthofener Rede offen ausgesprochen, darauf, daß „die Krise so stark wird, daß aus
der Krise ein heilsamer Schock erwächst". Unter diesem Schock
soll die Rechtsentwicklung in der Bundesrepublik, die den Kräften um Strauß den Weg geebnet hat – im Zeichen der Krisenab-
wälzung auf die Arbeitnehmer bei gleichzeitiger Milliardenver-
geudung für Rüstungsvorhaben; im Zeichen der Enttäuschung
über stecken- und ausgebliebene Reformen und Demokratisie-
rungsansätze, über Sozialabbau und Arbeitsplatzgefährdung; im
Zeichen der Antiterrorismus-Hysterie, der Berufsverbote und
immer weiter ausufernder Überwachungspraktiken –, in neue
Dimensionen gesteigert werden.

Das Programm Strauß ist hochgefährlich, aber alles andere als unaufhaltsam. Es steht in entscheidenden Fragen im Widerspruch sowohl zu den innergesellschaftlichen als auch vor allem zu den internationalen Realitäten an der Schwelle der 80er Jahre, die sich grundlegend von denen der Jahre 1914, 1933 oder 1939 unterscheiden. Nirgendwo in der Welt hat der Weg nach rechts zu einer Lösung oder auch nur Entschärfung der wirtschaftlichen und sozialen Probleme geführt. Gerade in jüngster Zeit sind eine Reihe z. T. jahrzehntealter faschistischer oder autoritärer Regime gestürzt worden.

Strauß kann gestoppt werden, und zwar dann – aber auch nur dann –, wenn der autoritären Herausforderung die gesammelte Kraft aller Demokraten, was immer sonst ihre Divergenzen und Kontroversen seien, entgegengesetzt wird. Das hat sich immer wieder, u. a. im Kampf gegen die Atombewaffnung, im Sturz des Verteidigungsministers Strauß und im Kampf um die Ratifizierung der Ostverträge, erwiesen. Daß heute der gleiche, schon wiederholt gescheiterte F. J. Strauß erneut als „starker Mann" vorgestellt werden kann, wurde nur möglich, weil die Rechtsentwicklung der letzten Jahre ein die Strauß-Kandidatur begünstigendes Klima geschaffen hat. Strauß stoppen, heißt deshalb zugleich, allen Erscheinungen der Rechtsentwicklung entgegenzutreten und – durch Aufklärung über den wahren Charakter der Herausforderung von rechts wie durch entschiedene Entfaltung aller demokratischen Initiativen, Bürgerbewegungen und Alternativen gleichermaßen – ein verändertes politisches Klima in der Bundesrepublik zu schaffen, ein Klima, das eine Entscheidung für Strauß unmöglich macht und zugleich den Spielraum aller demokratischen und sozialen Bewegungen erweitert.

GEMEINSAM GEGEN RECHTS – STOPPT STRAUSS JETZT, das heißt: Kein Zurück zum Kalten Krieg! Die mit den Ostverträgen und der KSZE eingeleitete Entspannungspolitik muß konsequent fortgesetzt und vorangetrieben werden. Statt zu einer neuen Runde des Wettrüstens muß jetzt zu ernsthaften Verhandlungen über Rüstungsbegrenzung, Gewaltverzicht und schrittweise Abrüstung in Ost und West übergegangen werden. Dem Verhalten der Bundesrepublik kommt dabei eine entscheidende Rolle, ihrer Regierung und ihrer Öffentlichkeit eine dementsprechende Verantwortung zu. Es darf keine „Große Aufrüstungs-Koalition", keine Zustimmung Bonns zur Stationierung neuer, auf die Sowjetunion gerichteter amerikanischer Atomraketen in unserem Land geben, denn dies würde das bisherige Gleichgewicht in Europa einseitig verändern. Wer unter dem Vorwand einer „Bedrohung aus dem Osten" erneut an der Rüstungsschraube dreht, statt die erklärte sowjetische Verhandlungsbereitschaft beim Wort zu nehmen, schafft eine Atmosphäre neuer Spannungen und begünstigt letzlich die Kräfte um Strauß.

GEMEINSAM GEGEN RECHTS – STOPPT STRAUSS JETZT, das heißt: Unser Land braucht nicht weniger, sondern mehr Demokratie. Jetzt muß endgültig Schluß gemacht werden mit Berufsverboten, Gesinnungsschnüffelei und der Kriminalisierung von Bürgerinitiativen und systemkritischen Kräften. Die Bundesrepublik darf kein Überwachungsstaat, keine Gesellschaft von Duckmäusern, Angepaßten und Spitzeln werden. Nur auf dem geistigen Nährboden des neuen McCarthyismus, eines zur „Staatsideologie" gewordenen Antisozialismus und Antikommunismus und einer nach wie vor unbewältigten Vergangenheit ist die Demagogie der Strauß und Stoiber möglich geworden, für die die absurde Gleichstellung von Nazis und Sozialisten, der Opfer und ihrer Mörder, das bisher krasseste Beispiel darstellt. Dem muß jetzt endlich Einhalt geboten werden: durch eine Neubesinnung auf die Gemeinsamkeit der Erfahrungen des antifaschistisch-demokratischen Widerstandskampfes, auf den unauflöslichen Zusammenhang von Antifaschismus und Demokratie. Gegen die Rechtsentwicklung hilft keine rechte Politik, erst recht kein Rechtsüberholen, sondern nur die fortschreitende Demokratisierung aller Entscheidungsbereiche in Politik, Wirtschaft und Gesellschaft. Wer Strauß stoppen will, kann keine Gemeinsamkeit mit der CSU/CDU-Politik betreiben.

GEMEINSAM GEGEN RECHTS – STOPPT STRAUSS JETZT, das heißt: Es muß Schluß gemacht werden mit der unsozialen und undemokratischen Praxis, die Krisenfolgen auf die

Arbeitnehmer, die große Mehrheit der Bevölkerung abzuwälzen. Gegen Arbeitslosigkeit und Arbeitsplatzunsicherheit helfen nicht Stillhalten und „Gürtel-enger-schnallen", sondern der Kampf um Arbeitszeitverkürzung und Stärkung der Massenkaufkraft, aktive Tarifpolitik und Verbot der Aussperrung. Deshalb: Hände weg von der Einheitsgewerkschaft, Schluß mit den Angriffen auf das Streikrecht und andere gewerkschaftliche Rechtspositionen, Schluß mit der Bespitzelung in den Betrieben.

GEMEINSAM GEGEN RECHTS – STOPPT STRAUSS JETZT, das heißt: Keinen Rückfall in die geistige Enge der 50er Jahre, sondern Stärkung aller emanzipatorischen Bewegungen – wie beispielsweise der Frauenbewegung, der Studentenbewegung oder der Bildungsreformbewegung – in ihrem Ringen um Aufklärung und Gleichberechtigung; es heißt, aktiv zu werden gegen alle Versuche, etwa den § 218 zu restaurieren, gegen Versuche, die Medien vollends auf CSU/CDU-Kurs gleichzuschalten, gegen die Bedrohung der Meinungsfreiheit, der Freiheit von Wissenschaft, Kultur und Kunst.

GEMEINSAM GEGEN RECHTS – STOPPT STRAUSS JETZT, das heißt: Die Bundesrepublik darf kein Atomstaat werden. Strauß greift nach der Atommacht. Er scheut weder die atomare Katastrophe noch bürgerkriegsartige Zustände, um das „zivile" und militärische Atomprogramm, das er selbst als erster Atomminister der Bundesrepublik mit konzipiert hat, durchzusetzen. Angesichts dieser Gefahr müssen Bürgerinitiativen und alle demokratischen Kräfte zusammenwirken, um die rücksichtslose Durchsetzung eines Atomprogramms zu verhindern, bei dem es nicht um Interessen der Bevölkerung, sondern um industrielle und militärische Machtansprüche geht.

Das Programm Strauß zielt auf die Einschüchterung, Spaltung und womöglich Unterdrückung jedweder demokratischen und sozialen Bewegung in der Bundesrepublik. Ihm kann deshalb nicht durch vornehme Zurückhaltung, Stillhalten oder parteitaktische Manöver, sondern wirksam nur durch entschiedene Stärkung, Weiterentwicklung und Bündelung aller demokratischen Energien in der Auseinandersetzung mit einer Gefahr, die unterschiedslos alle betrifft, begegnet werden. In einer ganzen Reihe von Städten und in verschiedenen gesellschaftlichen Bereichen sind bereits begrüßenswerte, z. T. schon breit ausgreifende Initiativen und Aktionsbündnisse gegen die Herausforderung durch Strauß und die Rechtsentwicklung entstanden oder im Entstehen begriffen. Wer das politische Klima, das die Kandidatur von Strauß möglich gemacht hat, verändern will, darf nicht bis zum Wahltag warten. Es kommt darauf an, jetzt aktiv zu werden, und zwar ungeachtet parteipolitischer und weltanschaulicher Unterschiede. Um Strauß und eine weitere Rechtsentwicklung zu stoppen, bedarf es jetzt des gemeinsamen Gesprächs und der gemeinsamen Aktion aller Demokraten.

GEMEINSAM GEGEN RECHTS – STOPPT STRAUSS JETZT!

Bis zum 27. November 1979 haben u. a. unterzeichnet:
Prof. Dr. Wolfgang Abendroth, Frankfurt/M. – Prof. Dr. Hans-Werner Bartsch, D. D., Lich – Karl D. Bredthauer, Bonn – Dr. Ulrich Briefs, Roermond – Peter O. Chotjewitz, Hannetal – Franz-Josef Degenhardt, Quickborn – Prof. Dr. Frank Deppe, Marburg/L. – Karlheinz Deschner, Haßfurt – Bernt Engelmann, Rottach-Egern – Dr. Konrad Elsässer, Oberursel – Prof. Walther Fürst, Bad Nauheim – Prof. D. Helmut Gollwitzer, Berlin (West) – Klaus Hachenberg, Hannover – Heinz Hoffmann, Stuttgart – Bundesjugendleiter der Naturfreundejugend Deutschlands (NFJD) – Prof. Dr. Hans Heinz Holz, Groningen – Prof. Dr. Klaus Holzkamp, Berlin (West) – Hanns Dieter Hüsch, Mainz – Prof. Dr. Jörg Huffschmid, Bremen – Prof. Dr. Urs Jaeggi, Berlin (West) – Mechtild Jansen, Bremen, langjährige Vorsitzende des Sozialistischen Hochschulbundes (SHB) – Prof. D. Walter Kreck, Bonn – Franz Xaver Kroetz, Altenmarkt/Bayern – Prof. Dr. Reinhard Kühnl, Marburg/L. – Ingrid Kurz, Hamburg – Pastor Konrad Lübbert, Uetersen – Klaus Mannhardt, Essen, Vorsitzender der Deutschen Friedensgesellschaft - Vereinigte Kriegsdienstgegner (DFG-VK) – Prof. Dr. Hans Mausbach, Frankfurt/M. – Dr. Jutta Menschik, Berlin (West) – Prof. D. Dr. Manfred Mezger, Mainz – D. Martin Niemöller,

Wiesbaden – Dr. Reinhard Opitz, Köln – Prof. Dr. Norman Paech, Hamburg – Manfred Pahl-Rugenstein, Köln – Prof. Dr. Albrecht Schau, Esslingen – Eckart Spoo, Hannover – Prof. Dr. Fritz Strassmann, Mainz – Prof. Dr. Gerhard Stuby, Bremen – Werner Stürmann, Dortmund, Vorsitzender der Sozialistischen Deutschen Arbeiterjugend (SDAJ) – Gösta v. Uexküll, Hamburg – Günter Wallraff, Köln – Prof. Dr. Roderich Wahsner, Bremen.

Zustimmungserklärungen bitte an: Prof. Dr. Reinhard Kühnl, Sonnhalde 6, 3550 Marburg/L.

F. J. Strauß

Manfred Bosch
Der Kandidat
Briefe über die Verteidigung von Frieden, Demokratie und Freiheit

Mit 15 Original-Karikaturen von Stefan Siegert
Ca. 200 Seiten, DM 9,80

Das Buch stellt Person und Politik des Franz Josef Strauß in den Zusammenhang unserer Geschichte seit Existenz der Bundesrepublik, um zu zeigen, was ein Kanzler Strauß für unser Land bedeuten würde. Es liefert Argumente und will auf diese Weise mithelfen, der mit Straußens Griff nach der Kanzlerschaft in ein neues Stadium getretenen Rechtstendenz entgegenzuwirken und demokratische Perspektiven und Handlungsmöglichkeiten aufzuzeigen. Aus dem Inhalt: Affären und Stationen auf dem Weg zur Macht. Feinderklärung nach innen und geistiger Bürgerkrieg. Feinderklärung nach außen und Verschärfung internationaler Spannungen. Innere Sicherheit und Energiepolitik. Strauß und der Nationalsozialismus. Strauß und die Gewerkschaften. Frauenpolitik. Medienpolitik. Sozial-, Wirtschafts- und Gesellschaftspolitik.

Karl D. Bredthauer (Hrsg.)
Kandidat Strauß
Dokumente und Analysen, 48 Seiten, DM 5,—

Jörg Goldberg / Bernd Semmler
Kreuzritter des Profits
Die wirtschafts- und sozialpolitischen Vorstellungen des F. J. Strauß
180 Seiten, DM 9,—

Als Wirtschaftspolitiker ist Strauß durchaus „berechenbar". Trotz aller pragmatischer Wendungen, trotz aller sozialdemagogischer Formulierungen verfolgt er auf diesem Gebiet eine klare Linie. Dabei orientiert er sich nicht an wirtschaftswissenschaftlichen Theorien oder Lehrmeinungen. Sie dienen ihm — je nach tagespolitischem Gebrauchswert — lediglich als Versatzstücke für Sonntagsreden. Als roter Faden seiner wirtschafts- und sozialpolitischen Vorstellungen wird das Bemühen erkennbar, seine expansionistischen politischen Vorstellungen mit den jeweils konkreten ökonomischen Interessen der privaten Konzerne zu verbinden.

Frank Deppe / Detlef Hensche / Mechtild Jansen
Strauß und die Gewerkschaften
Texte, Materialien, Dokumente
150 Seiten, DM 8,—

Pahl-Rugenstein

Faschismus

Pahl-Rugenstein

Kleine Bibliothek   Politik Wissenschaft Zukunft

55 *Abendroth u.a.* Sozialdemokratie und Sozialismus. 284 S. DM 12,80
56 *Doernberg u.a.* Probleme des Friedens. 357 S. DM 17,80
57 *Elsner* EWG — Antwort der Gewerkschaften. 208 S. DM 9,80
58 Geschichte der deutschen Sozialdemokratie. 2. Aufl. 457 S. DM 12,80
59 *Krysmanski/Marwedel (Hg.)* Krise in der Soziologie. 294 S. DM 12,80
60 *Menschik (Hg.)* Grundlagentexte z. Emanzipation d. Frau. 2. Aufl. 432 S. DM 12,80
62 *Kühnl (Hg.)* Der deutsche Faschismus. 4. Aufl. 530 S. DM 9,80
64 *Tjaden-Steinhauer* Bewußtsein der Arbeiter. 183 S. DM 12,80
65 *Hofschen u.a.* SPD im Widerspruch. 184 S. DM 12,80
66 *Mayer/Stuby (Hg.)* Entstehung des Grundgesetzes. 338 S. DM 14,80
67 *Buhr/Irrlitz* Der Anspruch der Vernunft. 280 S. DM 14,80
68 Materialismus — Wissenschaft u. Weltanschauung i. Fortschritt. 209 S. DM 19,80
69 *Niemöller* Reden, Predigten, Denkanstöße 1964—1976. 294 S. Vergr.
70 *Wagner* Recht als Widerspiegelung. 195 S. DM 12,80
71 Zerstörung der Demokratie durch Berufsverbote. 2. Aufl. 396 S. Vergr.
72 *Huffschmid/Schui (Hg.)* Gesellschaft im Konkurs? 2. Aufl. 540 S. DM 16,80
73 *Badstübner/Thomas* Restauration und Spaltung. 2. Aufl. 512 S. DM 12,80
74 *FAD* Schwangerschaft und der neue § 218. 204 S. DM 9,80
75 *Meyer (Hg.)* System der UdSSR. Quellenband. 460 S. DM 14,80
76 *Simon* Unternehmerverbände BDI, BDA, DIHT. 232 S. DM 9,80
77 *Haug* Kritik des Absurdismus: Sartre. 194 S. DM 9,80
79 *Haug* Der hilflose Antifaschismus. 4. Aufl. 180 S. DM 9,80
81 *Kahl* Positivismus als Konservatismus: Topitsch. 301 S. DM 19,80
82 *Butterwegge* Alternativen der Wirtschaftslenkung. 155 S. DM 9,80
84 *Hinrichs/Peter (Hg.)* Industrieller Friede? Textsamml. 298 S. DM 12,80
85 *Meyer-Renschhausen* Energiepolitik in der BRD. 2. Aufl. 165 S. DM 12,80
86 *Bayertz/Schleifstein* „Kritische Vernunft": Karl Popper. 2. Aufl. 270 S. DM 19,80
87 *Menschik* Feminismus. Geschichte, Theorie, Praxis. 2. Aufl. 282 S. DM 12,80
88 *Kühnl/Hardach (Hg.)* Zerstörung der Weimarer Republik. 2. Aufl. 290 S. DM 12,80
89 *Apel* Umfrage UdSSR und Offener Brief an Sacharow. 176 S. DM 9,80
90 *Deppe u.a. (Hg.)* Geschichte der Gewerkschaften. 2. Aufl. 480 S. DM 12,80
91 *Preiß* Humanisierung der Arbeitswelt. 132 S. DM 12,80
92 *Metscher* Kunst und sozialer Prozeß. 240 S. DM 19,80
94 *Mannhardt/Schwamborn* Zivildienst Handbuch. 2. Aufl. 142 S. DM 9,80
95 *Buhr* Vernunft Mensch Geschichte. 383 S. DM 19,80
96 *Sandkühler (Hg.)* Betr.: Althusser. 225 S. DM 19,80
98 *Buhr/Kröber* Mensch Wissenschaft Technik. 340 S. DM 19,80
99 *Ahlemeyer/Schellhase (Hg.)* Soziologie. 120 S. DM 9,80
100 *Markov/Soboul* 1789 Die große Revolution der Franzosen. 480 S. DM 14,80
101 Wir Verfassungsfeinde. Bilddokumentation. 235 S. DM 12,80
102 *Axt* Staat und multinationale Konzerne in Westeuropa. 450 S. DM 14,80
104 *Tripp* Betr.: Piaget. 214 S. DM 19,80
105 *Lange* Technik im Kapitalismus. 170 S. DM 19,80
106 *Plath/Sandkühler (Hg.)* Theorie und Labor. 341 S. DM 19,80
107 *Butterwegge* Marxistische Staatsdiskussion. 225 S. DM 12,80
108 *Bauß* Studentenbewegung der sechziger Jahre. 353 S. DM 14,80
109 *Rückriem (Hg.)* Menschliche Natur. 340 S. DM 19,80
110 Nürnberger Verhandlungen: Chile. 263 S. DM 14,80
111 *Bracht u.a. (Hg.)* HRG. Hochschulpolitik. 360 S. DM 12,80

Pahl-Rugenstein   Gottesweg 54, 5000 Köln 51

Kleine Bibliothek

Politik Wissenschaft Zukunft

Pahl-Rugenstein

Gottesweg 54, 5000 Köln 51